京师传播文丛

京师传播文丛

数智时代中国主流媒体传播力绩效
评估范式构建与多维智能测量

喻国明　胥伟岚　著

中国国际广播出版社

京师传播文丛
编委会名单

编委会主任：

喻国明　方增泉　张洪忠

编委会成员（按姓氏拼音排序）：

丁汉青　李　韬　秦艳华　万安伦　吴　晔　周　敏

总 序

把握数字革命基础上的传播变革是一项亟待破解的时代命题

喻国明

习近平总书记在主持中共中央政治局第十二次集体学习时强调:"全媒体不断发展,出现了全程媒体、全息媒体、全员媒体、全效媒体,信息无处不在、无所不及、无人不用,导致舆论生态、媒体格局、传播方式发生深刻变化。"智能化革命是一场划时代的跨越,是从工业文明向数字文明的深刻转型,正在带来传播领域的巨大变化。面对数字革命所带来的一系列现象级的改变,如何从总体性上把握技术驱动下社会传播领域的变化趋势、深层逻辑及演化机制,已成为实现传播实践有序发展和不断升级的必答题。

一、数字革命的全面渗透正在引发传播领域的一场革命

社会的智能化是一场革命,事实上,数字革命技术的全面渗透导致的关键变化是对传播网络所链接的全部关系的总体性重构。不同于对某些传播环节及某个传播要素所进行的"小修小补"的改良性技术,数字革命技术的全面渗透将创造一个无限量的巨大信息网络,并将从前无法纳入其中

的更加多维的关系连接纳入人的实践体系的可操控范围中，也即从传统的人与人之间的连接全面走向人与人、人与物、物与物之间的系统连接，创造智能终端之间的超级链接体系。

显然，当一系列新的关系要素实现了对于人类实践的"入场"，便会使社会传播成为一个"开放的复杂巨系统"，并在多重、多维的复杂因素的交织影响下实现"换道行驶"。媒介的迭代与技术的升维从某种意义上看就是持续地为传统社会中相对无权者"赋能""赋权"。数字技术改变了传媒行业因机械复制技术所形成的"一对多""点对面"式的信息垄断格局，瓦解了传统社会信息不对称的大众传播秩序。"人人都是传播者"极大地推动了丰富多彩、纵横交错的不同连接方式的交流与传播的实现，实现了更多的传播模式的涌现："物"成为新的公共信息"承载者"，社会热点的表达凸显出"后真相"、非理性等特点，关系认同、情感共振成为社会沟通与社会共识建立的关键，而平台级媒体及作为其运行内在引擎的智能算法则成为信息传播的关键性中介。

可见，未来的数字化治理必须超越仅着眼于传播领域中某个要素、某些环节的改变，而就事论事地制定某类传播主体发展路径或治理对策的传统视角的局限，应依据复杂性理论的范式、因循生态学理论、演化博弈理论以及社会网络学习理论等路径，针对我国传播领域的发展现状和未来趋势构建起一整套符合未来传播实践的传播生态治理的系统模型，从多元行为的关系连接与交互维度上去把握传播生态系统的发展演化过程，并基于此引导新时代社会信息传播系统实现健康有序和可持续的发展。

二、数字革命技术促成传播生态的全面重构

上述对于传播环境根本性变革的分析告诉我们，在数字革命技术的强大作用下，媒介产业的变革方向和媒介融合的发展路径已经成为现阶段传

播领域的重中之重。总的来看，迄今为止主流媒介的传播实践呈现出较为显著的"传播者中心"的立场。然而，新时代传播领域的基本现实是：在"个人"为社会运作基本单位的微粒化社会中，多层成分、多元主体已经成为构造传播场域的基本力量，受传者已经不再是我们所熟悉的"大众"，而是基于"圈层化"存在的一个个有血有肉、有个性、有情绪、有特定"趣缘"彼此支持下的人；"摆事实讲道理"式的大众传播逻辑在这里遇到了关系连接与圈层"茧房"的强大阻击，传播的触达、认知与认同机制发生了重大改变。媒介融合进程中如何实现新传播环境下的全程媒体、全息媒体、全员媒体、全效媒体的目标，达到主流资讯无处不在、无所不及、无人不用的境界，必须有一个生态级意义上的"羽化成蝶"的深刻改变。

首先，从传播内容的供给侧来考察，短视频和直播在人类历史上第一次把社会性传播的门槛降到如此之低，让每一位用户都可以发出自己的声音。而5G对于视频的加持则强化和扩大了这种"泛众化传播"的社会影响的宽度与深度。并且，数字革命时代的无人机普及，各种环境中摄像头、传感器无所不在，都进一步超越了传统媒体的时空局限与感官局限进行丰富多彩、立体多维的信息采集，而其中的某些具有社会价值的信息则可能经智能系统自动加工后直接发送给多元用户。概言之，数字技术带来的"泛众化"的传播供给侧，致使多元传播弥漫在人们的各类日常生活的场景中。

其次，就传播形式的丰富和扩张而言，数字革命时代的传播因其传播形式的"全息化"、多样态，信息传播已"渗透"社会生活的方方面面，成为无所不在、无时不有的影响力"在场"。而传播技术的应用会以用户场景为聚焦点而不断创新信息的组织形式、传播模式和内容形态。就传播载体"全程""全息""全员""全效"而言，随着以短视频为代表的视觉传播成为社会传播的主流形态，内容传播者因应当下移动化、碎片化和社交化的传播场景，以主题人物、热点事件和温情故事等为主要题材，通过碎片化的视觉表达和情感共振、关系认同的传播模式广泛应用，使得内容生产与传播形式转型为一系列直击人心的混合情感传播模式。

最后，智能化也使传播渠道发生了全新的变化。面对媒介生产和用户端的赋能赋权，极具多样性和复杂性的信息生态出现了供需危机，内容传播的精准化已成为"互联网发展的下半场"传播转型的重点。智能分发中的算法机制所要解决的终极问题是要把合适的内容传播给适切的用户。依托机器算法且拥有海量用户及强大黏性的平台遽然崛起成为平台型媒体，它承担起连接信息生产者和用户的开放、多元和普适的平台型中介的角色。而伴随着"生产者—平台媒体—用户"模式的确立，执掌信息选择权的重心正在从传统主流媒体过渡到平台型媒体。原本处在内容生产传播引领者位置的传统主流媒体正在逐渐弱势化和边缘化，成为影响力有限的专业的新闻和观点的供给者，而平台型媒体则逐渐跃升为新的行业操纵者和传播规则的制定者，实现了向传播权力中心的跃进。

三、数字革命推进面向未来的传播实践的革命性转向

传播技术的智能化发展为现实社会以及虚拟网络空间中的传播机制和传播效应带来了一系列新的挑战，也带来了元宇宙、区块链、物联网、移动互联、XR（扩展现实）、云计算、流媒体视频等技术的新发展，它们正在深刻地改写传播领域以及社会发展深层逻辑。这已经不是一项"弯道超车"的发展模式，而是一项"换道行驶"的全新发展模式。因此，关注智能化技术革命下传播领域内外的革命性改变，全面把握社会传播生态系统与权力格局的变迁态势，系统审视智能技术革命下网络社会空间治理模式和范式转型变革中亟待突破的关键问题和基本应对思路，应该成为新闻传播学实践转向的关键。传播实践已经站在全新的拐点上，面对"换道行驶"

的全新未来。它包括且不限于：

——全社会的"媒介化"。媒介化理论视角认为，媒介可以与其他社会范畴相互建构，作用于人类社会形态的媒介形式，其意义远胜于其内容。这一理论视角强调了媒介逻辑对社会的建构作用，也强调了媒介与社会的相互形塑。人作为居间主体，其实践具有能动性，因此，可以通过宏观和中观型态与实践的分析对媒介化进行解构，探究行动场域中不同社会角色之间社会交往和关系的变动模式，包括个人与组织、个人与媒介、社会与媒介关系的变革，从实践视角分析和把握媒介化能够为我们搭建经验材料分析的实践基础，更好地帮助我们把握媒介化进程中的微观、中观、宏观层级变化。

——"型态"与社会实践的结合。"型态"是指智能新媒介技术催生出的新的社会行动方式和组织起的新的社会交往关系，包括个人与组织、个人与媒介、社会与媒介关系的变革，它将全面助力智能新媒介逻辑对社会实践的形塑。未来的传播实践必须超越传统的媒介实践范式，将媒介与个体借由行动空间串联起来，将社会学相关概念融入媒介化实践的决策视野。以"型态"与社会实践的视角展开探索与创新，以"点—线—面"的实践试点为依据，运用更为贴合的理论工具，以期在未来传播中对媒介化理论与实践及其社会效果的把握有全新的突破。

——媒介与社会变迁的"互构"。在过往的传播实践中，媒介或是被置于社会发展的关键节点——媒介以其自身的"偏向"解构社会形态，或是被理解为承担既定社会功能的一种"工具形式"，这种将"媒介"与"社会"相分离的实践模式忽略了媒介的作用过程，变成单纯强调媒介与社会之间的决定/非决定关联的实践范式。我们认为，借鉴SCOT（技术的社会建构）路径，同时对媒介演进基本逻辑与实现机制做出探索，不仅考虑科技物体本身，而且考虑科技物体的发展过程，摒弃科技决定论，也反省社会决定论，同时观照媒介对社会的影响及社会对媒介的作用，思考媒介与社会之间的相互形塑（mutual shaping）、相互生产（coproduction）的"互构"关系及其实践。

——媒介影响社会结构的"制度化"。"制度化"的行动路线，即将媒介的形式视为一种独立的制度化力量，强调并致力于实现媒介作为社会现实框架的组成要件。制度视角致力于把握特定情形下社会结构如何扮演社会交往的资源，以及社会结构如何通过能动性得以再生产和变化，这也是所谓媒介逻辑的作用规则。媒介逻辑被用来描述媒介所具有的制度的、审美的、技术的独特样式及特质，以及借助正式和非正式规则运作的方式，从而提升媒介有效地影响更为广泛的文化和社会的能力。

正是在这一时代命题之下，作为有"学新媒体到新街口"之美誉的北京师范大学新闻传播学院与中国国际广播出版社签署了"京师传播文丛"（共12本）的出版计划，为回答新时代、新传播的发展命题奉献我们北师新传学人的心力与智慧。首批出版的4本书是：《情绪：网络空间研究的新向度》《重构传播学：传播研究的新范式、新方法》《互联网平台未成年人保护发展报告（2022）》《医患共同体：数字健康传播的图景想象》。相信第二批、第三批著作将更为精彩，让我们翘首以待。

（喻国明，北京师范大学新闻传播学院教授、博士生导师，北京师范大学"传播创新与未来媒体实验平台"主任，中国新闻史学会传媒经济与管理专业委员会理事长）

2022年8月

本书系教育部人文社会科学重点研究基地重大项目"中国主流媒体传播力绩效评估研究"（项目编号：20JJD860001）的最终研究成果。

目 录
CONTENTS

第一章
理论框架与学术逻辑　　001

第一节　问题提出及研究意义　　003
第二节　文献回顾与评述　　006
第三节　研究架构及测量方法　　025
第四节　相关概念　　040

第二章
数智时代主流媒体传播力绩效样态演进　　047

第一节　数字智能技术推动主流媒体传播力评价变革　　049
第二节　数智时代主流媒体传播力现实挑战　　053
第三节　数智发展中主流媒体传播力绩效新样态　　058

第三章
数智时代主流媒体传播力绩效评估范式重构　　063

第一节　主流媒体传播力绩效测度架构与要素的新变化　　066
第二节　主流媒体传播力绩效多元分析的新转向　　077
第三节　主流媒体传播力绩效评估范式的新升维　　081

第四章
数智时代主流媒体传播力绩效多维智能评估体系设计　087

第一节　主流媒体传播力绩效评估的测量框架设计　090
第二节　主流媒体传播力绩效评估的测量内容设计　093
第三节　主流媒体传播力绩效评估的测量指标设计　099

第五章
数智时代主流媒体传播力绩效多维智能测量实证　111

第一节　多通道感知的用户体验效果实证　113
第二节　多模态融合的媒介传播效用实证　125
第三节　多渠道接触的界面传播效率实证　141

第六章
数智时代主流媒体传播力绩效的提升策略　163

第一节　点：赢得人心红利，赋能主流媒体传播效能的价值引领　166
第二节　线：建立"To B"服务的新型主流媒体生态位　170
第三节　面：建设移动时代多点触达的信息服务"接触界面"　173

第一章
理论框架与学术逻辑

第一节　问题提出及研究意义

一、问题提出

媒体融合是技术迭代下一种从低级向高级逐渐发展的媒介互融与交融过程。2019年1月25日，习近平总书记在中共中央政治局第十二次集体学习时指出："我们要加快推动媒体融合发展，使主流媒体具有强大传播力、引导力、影响力、公信力，形成网上网下同心圆，使全体人民在理想信念、价值理念、道德观念上紧紧团结在一起，让正能量更强劲、主旋律更高昂。"[1] 近年来，互联网迅猛发展，并与物理世界深度耦合，社会系统结构演化升级为"人工＋网络＋物理"的"人—机—物"一体化的三元耦合体系，根本性地改变了现代社会的生产、生活与管理决策模式。在现实物理世界与虚拟网络空间紧密耦合、虚实互动和协同演化的平行社会空间中，新兴社会媒体和自媒体的与日俱增不断压榨着主流媒体的生存空间，其中带来的空间窄化、渠道失灵以及流量桎梏等多重问题更是使得主流媒体呈现传播力降低、引导力削弱、影响力式微、公信力移位等消极态势。随着5G、大数据、云计算、人工智能等底层技术飞速革新并深度浸润到社会的各行各业，以人机合一、万物皆媒为特点的数智时代的到来，引发数

---

[1] 习近平：加快推动媒体融合发展 构建全媒体传播格局［EB/OL］．（2019-03-15）［2024-08-20］．https://www.gov.cn/xinwen/2019/03/15/content_5374027.htm.

据规模的爆炸式增长和数据模式的高度复杂化，为网络世界中主流媒体信息及其传播效果带来了新的挑战。信息时代数字化技术飞跃式发展，传感器技术推动的物联网应用、网络技术孕育的社交网络整合、通信技术支撑的移动互联网链接等正深刻改变着传播领域的生态体系及运行法则，重塑着媒体的产业形态，再造着用户的心理和习惯，重构着新闻的生产与风格。新技术的迭代与全媒体的不断发展颠覆着以往的舆论生态与媒体格局，主流媒体的传播力在技术算法的工具理性所带有的无形偏向中遭受巨大冲击。在媒介融合的下半场，把握纵深发展契机，构建适应新传播环境、遵循新媒体传播规律的主流舆论格局成为一项迫在眉睫的任务。

二、研究意义

数智时代主流媒体传播力绩效评估范式构建与多维智能测量是一项动态复杂的系统工程。随着传播新技术的发展，在媒体类别多元化、传播主体多样化、用户需求差异化的今天，构建新型主流媒体的传播力战略布局被赋予了全新且重要的意义。本研究从数智时代大数据智能算法为媒体评价带来的变革与媒体移动客户端的嬗变趋势出发，建立基于大数据智能算法框架的新型主流媒体传播效能评价的科学主义范式。充分汲取国内外理论创新历史经验，考量现实媒体所处的复杂传播环境，立足加速智慧融媒平台建设的传媒生态环境优化，推动主流媒体传播力绩效评估的测量模式从单一模式向复合模式转型，建立"质量并举、多元审视、全程考核"的新媒体深度融合评价模式。从媒介融合与多模态传播研究的问题与缺陷出发，借鉴光学中的色散模型构建多模态融合的媒体传播交互评价模型。梳理多模态融合视域下传播的效能提升及其评估模式的新构想，通过挖掘智慧融媒下主流媒体的动静传播力绩效相关因素，建立影响主流媒体传播力绩效的核心因素体系；借鉴光散理念与多模态融合研究范式，针对影响媒介交互传播的核心因素进行测量，应用机器学习和深度学习方法对媒体中不同模态下的数据进行挖掘、仿真分析，完成多模态融合的媒体传播力绩效评估模型构建。从舆论场、舆论引导力及意识形态传播等三个构建主流舆论格局的关键维度出发，在舆论场域理论的基础上建构主流舆论生态建设绩效的科学测评指标体系。分析舆情信息变动背后的社会机理和动因，探讨全媒体背景下舆论场域的传播元素、逻辑、机理，构建切实可行的舆论场域绩效评测指标体系与评估模型，从受众—内容—渠道多维视角展开实证测量，提出针对"全程"赋能、"全员"连接、"全息"体验、"全效"优化全媒体舆论传播格局的对策建议。最终从"点、线、面"全方位赋能主流媒体传播效能价值引领，找准新型主流媒体生态位，建设移动时代多点触达的信息服务"接触界面"。

数智时代主流媒体传播力绩效评估范式与多维智能测量体系的建构，为政府部门在新形势和新媒体环境下的宣传思想工作提供更有针对性和实效性的相关政策建议，同时也为新型主流媒体等更多舆论场域中的相关主体提供开发和整合多模态外部资源、持续监测观察舆论生态新进展、提升全媒体跨界运作传播力效能的工具抓手。从根本上突破媒体融合冲击下传统主流媒体影响力衰退、价值使命难以履行的现实困境，对赋能新型主流媒体传播效能发挥的价值基础实现路径，构建全新、健康的新传播舆论生态图景具有重要的现实意义。

第二节 文献回顾与评述

一、主流媒体传播力绩效内涵与演进研究

（一）主流媒体传播力绩效的内涵研究

"传播力"（Communication Capacity）这一概念最早由美国学者格拉汉姆·威廉姆森（Graham Williamson）提出，"传播力即传播者和受众成功地对信息进行编码和解码的能力。为达到高效的传播效果，传播者必须展示出一定程度的传播力，包括传播的信息量、传播速度、信息的覆盖面及影响效果等"。国外学者主要从符号学、语言学和大众传媒等三大角度对传播力进行解读。格拉汉姆·威廉姆森通过分析符号在传播中的媒介作用，认为传播力是客体和主体直接对信息进行编码和解码的能力；戴尔·海默斯（Dell Hymes）分析了语言的具体功能以及在实际中的运用，从语言学和人际互动的角度将传播力表述为"传播能力"；丹尼斯·麦奎尔（Denis McQuail）则认为信息传递是依靠各种媒介形成的，而传播力可以潜移默化地影响用户的行动和态度。2009年美国著名学者曼纽尔·卡斯特（Manuel Castells）出版《传播力》（*Communication Power*）这一专著，论述了基于网络影响的政治、经济、文化、社会等多方博弈局势下的传播力："传媒

拥有无可取代的权力和力量，成为整个信息时代的社会架构的中枢，任何一种组织若想维护自己的利益都必须借助传媒搭建平台并利用传媒获得筹码。"

国内新闻传播界对传播力的研究较晚于国外，早期主要通过网络媒体、网络传播等方面认识新媒介时代带来的各种技术，探讨其与传播效果的关系，辨析其为传播学研究以及传播实践带来的变化和影响。直到2003年，学者刘建明首次用"传播力"这一概念代替"传播效果"进行研究使用："传播力指媒介的实力及其搜集信息、报道新闻、对社会产生影响的能力，即媒介传播力。"[①] 在此之后，"传播力""影响力""传播效能""传播力绩效"等词开始出现，并被慢慢应用于众多研究领域中，俨然成为社会各界追捧的新语汇。根据主体不同，张春华将学界对传播力的研究主要分为两个分支，即以媒介组织为主体与以社会组织和个人为主体[②]。前者侧重传播作为大众传媒本质职能的彰显，前文刘建明的传播力观即隶属于此分支；后者强调社会组织运用各种传播手段进行传播以促进自身职能实现的问题，例如，郭明全将社会机构、组织、团体甚至个人都视为传播主体，认为"传播力就是竞争力"。[③] 但是此后的众多研究未对"大众传媒传播力"和"社会组织传播力"作明确区分，出现了概念滥用、混用的局面。随着传播生态呈现传播主体多样化、内容生产社会化、传播平台分层化、受众诉求多元化的格局，学界顺应时代潮流对"传播力"等词的阐述进行同步优化。周志懿认为媒体传播力是指媒体组合各种传播方式，扩散信息，达到尽可能好的传播效果的能力。[④] 强月新等则指出传播力是主流媒体信息传播的效果即影响力依赖的一种能力，并与公信力、影响力与主流媒体传播

---

① 刘建明. 当代新闻学原理 [M]. 北京：清华大学出版社，2003：40.
② 张春华. 传播力：一个概念的界定与解析 [J]. 求索，2011 (11)：76-77.
③ 郭明全. 企业如何提升传播力 [J]. 今传媒，2010 (4)：113-114.
④ 周志懿. 媒体竞争：传播力制胜 [J]. 传媒，2006 (8)：49-51.

诸环节相对应。①沈正赋表示传播力是新闻媒体立足于新闻业务水平逐渐探索出来的独特的传播方法与途径，对一定覆盖范围内的目标受众形成潜在影响的一种能力。②丁柏铨认为传播力表现为新闻信息及观点能顺利传抵受众，是实现传播有效覆盖的一种能力。③随着信息技术时代的到来，多元社会思潮不时出现对主流意识形态的传播形成诘难的复杂舆论场景，面对部分媒体机构为吸引流量"挟技居奇"和少数管理主体面对媒体"频频失语"等种种舆论乱象，作为技术与内容"综合体"的主流媒体传播力被赋予更深层次的含义，如何在新媒体环境下做到主流媒体传播力工作"时""度""效"上质的飞跃成为新的时代议题。

（二）主流媒体传播力绩效的演进研究

现有文献对媒体传播效能的界定尚未形成正式概念，但是有关媒体传播效果的研究都可以与其联系起来。最早传播效能主要指涉新闻传播宣传的效果。如1988年张学洪等在江苏城乡通过受众调查探索新闻宣传效能的大小及发挥的条件。④该研究突出的"宣传"色彩在后来者的研究中得以延续。2002年年末，笔者在对中国传媒业界一些经营问题的回应中，明确指出传播效能是传媒经营的本质，并在《影响力经济——对传媒产业本质的一种诠释》一文中从"市场影响力"层面阐释传播效能与具体的传播技

---

① 强月新，刘莲莲.对主流媒体传播力公信力影响力关系的思考［J］.新闻战线，2015（5）：46-47.
② 沈正赋.新媒体时代新闻舆论传播力、引导力、影响力和公信力的重构［J］.现代传播（中国传媒大学学报），2016，38（5）：1-7.
③ 丁柏铨.论新闻舆论传播力、引导力、影响力、公信力［J］.新闻爱好者，2018（1）：4-8.
④ 张学洪，弭秀玲.十三大新闻宣传效果简析［J］.新闻记者，1988（3）：33-35.

术属性、传媒机构及工作人员的能动性相关。华文[①]、唐朝[②]、郑丽勇[③]等从"社会影响力"视角强调媒体传播效能在社会整合、舆论引导方向的影响力。互联网技术的逐渐勃兴使得新媒体快速崛起,网络时代下受众身份的转变使学界开始聚焦新媒介时代主流媒体的传播效能变化和影响。

根据中国知网计量可视化发表年度趋势、时区图谱分析,可大致将我国主流媒体传播力的相关研究发展分为三个阶段。第一阶段是主流媒体传播力研究萌芽阶段(2007—2014年)。从2007年开始,网络时代下多种文化与价值观、多元利益与多主体意识的融合交织推动公民社会形成,舆论格局由过去的"一言堂"变成如今的"众声喧哗",主流媒体的国内外传播力都受到巨大冲击。周俊杰、蓝蔚、罗小光、宣柱锡等都敏锐地意识到在新传播格局下传播力决定影响力,主流媒体必须要把握受众特点的变化,在我国重大突发、社会热点等事件上提高舆论引导力和传播效能。[④⑤⑥]除此之外,李希光、郭晓科、程小玲等发现我国的国际形象、公共外交与新闻媒体的国际传播力紧密相关,需从媒体自身的公信力、主流渠道、主流受众、主流信源、议程设置与框架能力等方面加强我国主流媒体的国际传播力建设。[⑦⑧]而杨晴川更是以新华社为例,指出加强国际英文评论是国

[①] 华文.媒介影响力经济探析[J].国际新闻界,2003(1):78-83.
[②] 唐朝.传播学视野中的媒介影响力[J].郑州大学学报(哲学社会科学版),2005(1):115-116.
[③] 郑丽勇.媒介影响力乘法指数及其效度分析[J].当代传播,2010(6):20-23.
[④] 周俊杰,蓝蔚.重大突发性事件报道提高媒体舆论引导力的思考[J].中国广播电视学刊,2009(3):77-79.
[⑤] 罗小光.领导干部要善于提升舆论引导力[J].领导科学,2010(1):24-25.
[⑥] 宣柱锡.把握受众特点变化,提高主流媒体舆论引导力[J].中国记者,2010(6):4-7.
[⑦] 李希光,郭晓科.主流媒体的国际传播力及提升路径[J].重庆社会科学,2012(8):5-12.
[⑧] 程小玲.主流媒体在公共外交中的作为及增强传播力新探[J].中国记者,2014(3):17-19.

际传播力的着眼点和着力点之一。[①] 第二阶段是主流媒体传播力实证研究阶段（2015—2018年）。自2014年媒介融合元年到来以及"传播力"这一概念在政府文件中被提出后，各学者根据不同区域的发展特点进行大量实证研究，进一步探讨在媒介融合背景下主流媒体传播力在传播实践中的变化和影响。强月新、陈星、张明新等通过对广东、湖北、贵州三省民众的问卷调查考察我国主流媒体的传播力现状发现，各地主流媒体传播力的格局因当地媒体现实生态而同中有异，且在不同受众群体中主流媒体的传播力呈现出明显的不均衡性。[②] 戴蔚基于湖北省宣恩县伍家台村的田野调查，探讨主流媒体传播与当代农村文化创建研究，认为地方主流媒体要注意将信息传播与农村各项建设相结合，同时发挥在农村文化创建中的主力军作用，体现媒体社会责任。[③] 第三阶段是主流媒体传播力研究议题扩散传播阶段（2019年至今）。以大数据、新媒体技术时代为背景，媒体融合已经从形式上的"合"转入全方位的"融"，传统媒体正在向打造全媒体平台阶段迈进。以微博、微信公众号等为代表的社交媒体对主流媒体的传播力提升带来新机遇，短视频、微信公众号、Vlog等形式的出现丰富了信息传播方式和传播产品，为增强主流媒体网络传播力带来了新可能。[④][⑤][⑥] 同时，叶雨婷、李好、许敏玉、杨艳全、李绍军等注意到青年已成为社会发展的重要

[①] 杨晴川.做大做强英文评论品牌提升国际传播力：从新舆论环境下如何做好英文国际报道说起[J].中国记者，2013（11）：126-127.

[②] 强月新，陈星，张明新.我国主流媒体的传播力现状考察：基于对广东、湖北、贵州三省民众的问卷调查[J].新闻记者，2016（5）：16-26.

[③] 戴蔚.主流媒体传播与当代农村文化创建研究：基于湖北省宣恩县伍家台村的田野调查[J].湖北社会科学，2016（2）：70-76.

[④] 邢弘昊.短视频与主流融媒体可视化表达[J].新闻爱好者，2019（3）：39-43.

[⑤] 王志芳.微信公众号发布"新冠疫苗"专题的特点分析与启示：以传播力较大的主流媒体及科普类微信公众号为例[J].学会，2021（6）：42-46.

[⑥] 张晓宝.主流媒体Vlog传播现状及优化路径[J].中国广播电视学刊，2021（11）：51-52，104.

力量和关键变量，主流媒体需根据这一具有鲜明个性和时代特征的特殊受众群体画像，精准调节媒体站位、传播内容、工作机制、传播渠道等，更好地提升主流媒体在青年群体中的传播力。[①][②][③] 除此之外，王志昭认为主流媒体还需要注重转变话语风格，转变原有的叙事方式。[④] 如萌话语在全国两会报道中的运用，拉近了与群众的距离，提升了主流媒体的传播力，为两会报道增添了独特魅力。[⑤]

二、主流媒体传播力绩效评估研究

（一）主流媒体传播力绩效的评估方法研究

在传统媒体时代，立足传播效果进行媒体传播力的测评是较为普遍的评估方式，往往通过开机率、收视率、收听率、发行量等指标直接进行评估。张春华认为，媒体信息传播的广度、深度、强度、精度、技术、政策等6个因子是测量传播力的重要指标[⑥]。这些评估指标虽暂未用于实际，但

[①] 叶雨婷.主流媒体如何提升青少年传播力：以中国青年报近年的融媒探索为例[J].青年记者，2019（25）：17-18.
[②] 李好，许敏玉.青年用户视域下我国主流媒体传播渠道建设探究[J].新媒体研究，2021，7（21）：87-90.
[③] 杨艳全，李绍军.切实提升主流媒体在青年读者中的传播力：以《中国青年报》为例[J].出版广角，2021（7）：44-46.
[④] 王志昭.自媒体时代主流媒体传播话语风格转变探析[J].新闻爱好者，2020（2）：57-59.
[⑤] 谢萌."卖萌"的魅力：萌话语在全国两会报道中的运用策略[J].海河传媒，2022（2）：25-28.
[⑥] 张春华."传播力"评估模型的构建及其测算[J].新闻世界，2013（9）：211-213.

也给媒体传播力的定量研究提供了借鉴。2009年6月，中共中央制定的《2009—2020年我国重点媒体国际传播力建设总体规划》指出，在未来十年中，加强国际传播能力建设成为中国媒体的一项重要战略任务，并要求科学评估我国国际传播整体实力。在国家政策导向下，有关国际传播效果评估的探讨随之渐成研究热点，并尝试建立科学、合理、具备可操作性的评估指标体系。柯惠新、陈旭辉、李海春等从文本和受众两个维度构建了文本信息指标与受众反馈指标相结合的对外传播效果评估体系。[①] 刘燕南、刘双则以"能力—效力"框架为主，建构了由基础建设、内容产制、传播影响、市场经营等四项指标组成的综合性国际传播效果评估指标体系。[②] 张举玺、王文娟基于"国际一流新型主流媒体"新理念，运用层次分析法构建国际一流新型主流媒体评价指标体系，并对基础实力、引领力、传播力、影响力、数字外交能力、经营能力等六个一级指标进行权重赋值。[③] 随着2014年媒介融合时代的到来，新闻传播生态发生巨大改变，媒体融合消解了行业与区域垄断的基础，带来传播权力的"去中心化"，给传统媒体的话语权带来了挑战。学界开始结合媒体融合背景下的舆论特征进行主流媒体传播力绩效的评估。丁迈、缑赫通过德尔菲法和层次分析法科学厘定各指标权重，并针对媒体融合的现实情形加入新兴媒体的相关指标，构建主流媒体舆论引导能力评估指标体系。[④] 吴月红、陈明珠提出中国语境下基于传播基础、传播能力、传播生态、媒介技术等四个影响因素的主流媒体传播力的评估指标体系，并加入政策法规和行业环境两个传播生态要素修正

[①] 柯惠新，陈旭辉，李海春，等. 我国对外传播效果评估的指标体系及实施方法 [J]. 对外传播，2009（12）：11-12.
[②] 刘燕南，刘双. 国际传播效果评估指标体系建构：框架、方法与问题 [J]. 现代传播（中国传媒大学学报），2018，40（8）：9-14.
[③] 张举玺，王文娟. 基于层次分析法的国际一流新型主流媒体评价指标体系研究 [J]. 现代传播（中国传媒大学学报），2020，42（8）：1-8.
[④] 丁迈，缑赫. 主流媒体舆论引导能力评估体系建构 [J]. 中国广播电视学刊，2016（6）：38-41.

模型。①立足于智能时代的媒介技术语境，需要对主流媒体传播力绩效评估的思路进行再审视。张瑞静基于"新媒介即关系"的传播结构，使用更新升级后的传播学"网络议程设置"理论为分析新时代新型主流媒体效果研究与评价打开思路。②李世强严格遵循"数据化抓取—计算化处理—人工化统合研判—矩阵化信息生产传播—反馈优化"的逻辑，生成具有精确化、科学化及"人工—机器统合化"特征的媒体传播力与影响力综合式评估体系。③总体来说，学界针对主流媒体传播力绩效的评估方法呈现出时代化发展特征，上述评估方法、体系、模型的构建和探讨，为精准管理和提高主流媒体的传播能力提出了对策与建议，为构建我国主流媒体传播体系提供了启发和思路。

（二）主流媒体传播力绩效的评估内容研究

由于信息技术的局限，传统媒体时代对于主流媒体传播力绩效的评估往往基于抽样调查的小数据来推导全体受众消费情况，评估体系存在评估对象的单一化、评估过程的线性化和评估重点的平面化等明显短板。④随着互联网的崛起，传播效能评价研究在传统媒体与网络媒体之间出现分野，进入智慧传播时代，既有的传播效能评估体系已经难以适应媒体融合发展。就现实发展而言，学术界对网络时代传播效能评价的研究目前仍处于探讨层面，主要从媒体学理维度对主流媒体本身的传播能力、主流媒体传播效

---

① 吴月红，陈明珠.中国语境下主流媒体传播力评估模型及指标体系的构建[J].安徽农业大学学报（社会科学版），2016，25（2）：127-130.
② 张瑞静.网络议程设置理论视域下新型主流媒体传播效果评价指标分析[J].中国出版，2019（6）：57-60.
③ 李世强.新型主流媒体传播力与影响力评估体系建设探析[J].青年记者，2023（3）：67-70.
④ 胡正荣，李荃.智慧全媒体时代主流媒体传播效果的提升路径与评估体系[J].新闻与写作，2019（11）：5-11.

能显现以及主流媒体信息传播效能等三方面进行评估。对于主流媒体本身的传播能力评估，强月新、夏忠敏对1000多名媒体使用者进行调查，运用较为客观的媒体传播能力评测指标体系做了基本描述，但未深入分析哪些因素是影响媒体传播能力的机制；[1]冯锐、李闻利用文献分析、灰色层次分析等方法对40名社交媒体领域学者进行深度专家访谈，构建出社交媒体影响力评价指标体系，有关媒体传播效能显现的研究侧重讨论如何提升和实现传播效果；[2]对于主流媒体传播效能显现的评估，胡正荣等人[3]和朱春阳[4]重点对媒体传播效能进行了评估，前者从行业规范标准层面考虑效能评估，就如何实现智慧全媒体传播效能进行了理论探索；后者总结了媒体传播效能既有评价现状，提出以全媒体创新视野来优化网络背景下媒体传播效能的评估体系；王天娇从网络传播渠道异质性出发，考察新媒体与传统媒体在新媒体使用和媒体效果上存在的差异。[5]对于主流媒体信息传播效能的评估，邓君洋、郑敏、沈悦等对各类新媒体信息传播效能进行了评测；[6][7]汪行东、胡志方、黄成禄等认为信息传播能力是媒体舆论引导产生效果的基础，通过信息通道的畅达性和信息通道的影响力两个指标测量主流媒体的信息传播能力，基于对舆论引导力四要素的分析构建主流媒体舆论引导力

---

[1] 强月新，夏忠敏.当前我国主流媒体影响力的调研与分析[J].新闻记者，2016（11）：35-43.
[2] 冯锐，李闻.社交媒体影响力评价指标体系的构建[J].现代传播（中国传媒大学学报），2017，39（3）：63-69.
[3] 胡正荣，李荃.智慧全媒体时代主流媒体传播效果的提升路径与评估体系[J].新闻与写作，2019（11）：5-11.
[4] 朱春阳.全媒体视野下新型主流媒体传播效果评价的创新路径[J].新闻界，2019（12）：11-16.
[5] 王天娇."新媒体使用"概念的有效性：从媒介使用和媒介效果看网络信息渠道的异质性[J].国际新闻界，2020，42（1）：119-135.
[6] 邓君洋，郑敏.媒体融合时代下微博的传播效果[J].新闻世界，2011（1）：80-81.
[7] 沈悦.微信公众号信息传播的影响因素分析[J].传播力研究，2019，3（16）：3-4.

评价指标体系。① 此外，还有一些从媒体信息传播效能角度的研究成果，诸如谣言传播、重大突发事件的信息传播等传播效能分析的文章，主要是基于某类现象的分析，通过采集非一手数据对具体传播现象和传播效能加以考察，多数仅以"议程设置""沉默的螺旋"等理论作为标签。

（三）主流媒体传播力绩效评估典型实践研究

学界多采取实证测量的方法，旨在通过对典型实践的实证研究来表征主流媒体传播力绩效评估。李明德、高如以20个陕西媒体微信公众号为例进行媒介传播力实证研究，运用层次分析法构建了媒体微信公众号传播力评价体系，挖掘微信的信息传播潜力，优化媒体微信公众平台建设。② 刘丛、谢耘耕、万旋傲随机选取微博平台共24例公共事件作为研究样本，发现受众情绪表达的强度对微博的传播力具有显著影响。③ 除了以社交媒体为主体进行研究，诸葛达维、郑宇还对新闻游戏价值传播的实现形式及效果评估进行理性思考，建议从关注焦点、情感连带、标志性符号、价值理念等四个角度准确评估新闻游戏价值传播效果，激发新闻游戏中用户的互动参与。④ 邱泽涵通过构建7个主流媒体抖音号的传播内容评估模型发现，真实性与时效性依然是新闻媒体凝聚受众的基础。⑤ 鉴于主流媒体的传播力绩效

---

① 汪行东，胡志方，黄成禄.主流媒体舆论引导力评价指标体系的构建：基于对舆论引导力四要素的分析［J］.开封大学学报，2018，32（4）：62-67.

② 李明德，高如.媒体微信公众号传播力评价研究：基于20个陕西媒体微信公众号的考察［J］.情报杂志，2015，34（7）：141-147.

③ 刘丛，谢耘耕，万旋傲.微博情绪与微博传播力的关系研究：基于24起公共事件相关微博的实证分析［J］.新闻与传播研究，2015，22（9）：92-106，128.

④ 诸葛达维，郑宇.新闻游戏价值传播的实现形式及效果评估［J］.传媒评论，2021（3）：78-80.

⑤ 邱泽涵.主流媒体短视频账号传播内容评估模型研究：对7个主流媒体抖音号的应用［D］.长春：吉林大学，2022：33.

评估研究取得了丰硕成果，后续有部分学者还试图将主流媒体传播力绩效评估的部分逻辑适用于其他学科领域，如李榕提出基于"四力"模型构建中国电信集团新闻媒体传播效果评估体系[①]，唐琼、蓝丽婷在主流媒体报道语境下构建公共图书馆影响力评估体系[②]。

三、主流媒体传播力绩效的影响因素研究

（一）用户对主流媒体传播力绩效的影响因素研究

用户是传播过程中除了主体和内容以外的另一个重要元素，特别是在新媒体环境下，移动互联网正在重塑用户的新闻消费方式和行为习惯，传播力的实现并不单纯取决于媒体自身的实力或媒体产品的质量因素，还与受众的兴趣、需求及其面临的媒体环境相关，是多因素共同作用的复杂结果。[③]传播力不仅是媒体自我评估的结果，也是受众从接受角度赋予媒体的一种较为客观的评价。受众作为主观能动的个体，在对媒体选择、注意和信息的处理中，必然存在着认知差异。[④]而人的行为、认知等因素又受到环境的作用和影响。在媒介系统中，受众会被媒介环境的某种特质吸引，随

---

① 李榕.基于"四力"模型的中国电信集团新闻媒体传播效果评估研究[D].北京：北京邮电大学，2021：57.
② 唐琼，蓝丽婷.我国主流媒体报道语境下的公共图书馆影响力表现维度研究[J].图书情报知识，2021，38（3）：74-87，13.
③ 彭兰.新技术条件下的网络行为变化趋势[J].中国记者，2008（8）：66-67.
④ 刘京林，丁迈.电视对象性节目与观众心理需要的应对性研究[J].现代传播（中国传媒大学学报），2005（4）：33-36.

即启动认知系统来解读内容。[1] 早期学界发现受众的媒介使用行为会影响其对公信力和影响力的评价。[2] 在此基础上,强月新、陈星从受众的认知和行为层面解释主流媒体和网络媒体的传播力,发现受众的媒体功能认知、新媒体特征认知以及媒介使用行为对媒体传播力产生了不同程度的影响。[3] 田高洁基于社会认知理论探讨主流媒体的政治传播效果,其中受众的政治效能感对主流媒体政治传播效果的影响最为突出。[4] 网络直播的出现为用户提供了全方位、身临其境的新闻视听体验,刘琴、孙勇以青年群体为研究对象,探索主流媒体直播的用户满意度影响因素,强调秉承用户思维推动主流媒体直播提升传播效果。[5] 张鹏等则讨论了新媒体时代健康信息传播效果的影响因素,建议从用户的健康重视程度、健康知识水平和官方新媒体使用频度等方面提高我国新媒体健康传播效果。[6] 用户的媒体评价和选择倾向性等要素与主流媒体的传播力息息相关,剖析用户与主流媒体传播力绩效的相互关系及影响因素具有重要的时代意义。

(二)媒介对主流媒体传播力绩效的影响因素研究

媒介在传播学意义上是指利用媒质存储和传播信息的物质工具,主要

---

[1] 郭羽.线上自我展示与社会资本:基于社会认知理论的社交媒体使用行为研究[J].新闻大学,2016(4):67-74,151.
[2] 廖圣清,李晓静,张国良.解析中国媒介新闻可信度[J].新闻大学,2007(4):66-73.
[3] 强月新,陈星.当前我国媒体传播力的影响因素研究:以受众为视角[J].新闻大学,2017(4):73-80,149.
[4] 田高洁.主流媒体微博的政治传播效果研究:以社会认知理论为视角[D].上海:上海交通大学,2019:27.
[5] 刘琴,孙勇.基于用户满意度的主流媒体直播评价模型及效果[J].东南传播,2021(3):24-27.
[6] 张鹏,张幸福,远航,等.基于公众视角的新媒体健康信息传播效果调查及影响因素分析[J].中国公共卫生管理,2023,39(2):194-197.

分为通信类（如电报、电子邮件等）、广播类（如报纸、杂志、电视等）和网络类三大类。伴随着社交媒体的强势崛起，我国传统主流媒体纷纷紧跟时代潮流，开拓新的舆论宣传阵地。自 2013 年国务院将"政务微博"正式确立为官方权威信息发布平台以来，以微博、微信、视频号等为代表的新兴媒介逐渐成为各大主流媒体传播的主阵地，学界开始注意到媒介对主流媒体传播力绩效也会产生一定的影响。郝永华、阎睿悦基于微信订阅号"长江云"数据的分析发现，新闻表达的"移动适配"可有效提升产品的社交媒体传播力。[1] 田高洁以社会认知理论为视角研究主流媒体微博的政治传播效果，其中媒介环境具有不可忽视的作用。在信息技术的推动下，越来越多的政务新媒体开始向短视频平台拓展。张丽、李秀峰基于共青团中央抖音短视频号的 871 个样本探讨传播效果与影响因素关系，而内容质量、视频制作形式则是关键节点。[2] 梁悦悦、刘嘉研究建党百年背景下涌现的新型新闻传播产品发现，党史类新闻游戏对主流媒体面向用户的价值传播以及提高自身传播力都有较为明显的正向影响。[3] 总的来说，学界大多聚焦网络类媒介即各类型网络平台媒体产品生成的传播效果，多围绕不同媒体产品的特点对主流媒体传播力绩效的影响因素进行探讨。根据不同形态的新媒体形式，社交媒体产品内容的传播效果也不尽相同。

（三）界面对主流媒体传播力绩效的影响因素研究

界面最初是指"物体与物体之间的接触面"，随后在物理化学领域，

---

[1] 郝永华，阎睿悦.移动新闻的社交媒体传播力研究：基于微信订阅号"长江云"数据的分析［J］.新闻记者，2016（2）：40-47.
[2] 张丽，李秀峰.共青团中央抖音短视频的传播效果及影响因素分析［J］.中国青年社会科学，2022，41（2）：30-42.
[3] 梁悦悦，刘嘉.主流媒体党史类新闻游戏价值传播用户影响研究［J］.中国出版，2022（15）：36-41.

"界面"表示物质相与相的分界面,如液体/固体界面。继而应用到信息科学和设计领域,指用户与计算机系统或设备交互的接口与方式。在信息传播过程中,界面是媒体与受众之间的交互渠道,包括呈现信息的物质载体的硬件(硬界面)和支撑信息系统运行的软件(软界面),其主要功能是实现信息的输入和输出,可以影响信息的传播效果和受众的参与度。受众正是通过这些界面才能使用媒介并从中获得满足。媒介融合的发展逐渐改变了新闻受众的信息接收习惯和审美倾向,新媒体界面设计具有便携式、多元化、互动性的特征。[①]通过对获中国新闻奖中新闻网页及界面设计分项的26件获奖作品进行综合分析后发现,新闻网页及界面设计在视觉元素的运用与表达、布局结构、互动设计等方面,能增强新闻的表现力以及媒体自身传播力、影响力。[②]而新媒体平台中新闻类微信公众号界面设计中字体与间距设计、图片插入排版、音频及视频插入排版、Logo 设计、推送篇幅的设计及选择等方面能够触达受众,实现传播者预期的传播效果。[③]对于网络媒体而言,应当探索界面色彩设计的思路与具体策略,提升信息传播的有效性,在争取更多受众的基础上实现自身传播范围与影响力的扩张。[④]因此,对媒介界面不断优化以满足受众需求才能使媒介的传播能力不断提升。

---

① 龚晓雪.媒介融合背景下纸媒版面设计的借鉴与坚持[J].新闻战线,2017(24):74-75.
② 张莹.媒体融合背景下新闻网页及界面设计的新特征探析:以中国新闻奖获奖作品为例[J].新闻研究导刊,2021,12(16):18-20.
③ 崔玥,王丽丽,孙晨阳.新媒体平台的界面设计及传播效果研究:基于新闻类微信公众号的实证研究[J].电视指南,2017(19):110-111.
④ 陈丽.论网络媒体的界面色彩设计[J].新闻战线,2016(2):141-142.

四、主流媒体传播力绩效测量工具选择与优化策略

（一）主流媒体传播力绩效测量工具的选择研究

模态是结构系统的固有振动特性。多模态指事物呈现或体验的不同形式，常见的多模态信号有图片、声音、文字、视频等，主流媒体信息传播也通过上述类别呈现出来。多模态信号分析不仅仅存在于新闻传播学中，它也需要信息科学、符号学、语言学、心理学等跨学科的理论架构和知识采纳。肖珺认为新媒体多模态数据分析是建立在语言学基础上，把文字语言与图像、声音等非语言符号结合起来，从整体角度分析各类符号所组成的话语意义，以便更好地解释人类传播中的交际与互动。[①] 这种新媒体多模态数据分析的发展演变可归纳为三种主要理论模型：系统功能符号学、多模态互动分析、语料库语言学多模态话语分析。新媒体多模态数据分析在信息科学基础上，主要通过建立模型来关联与处理多模态的媒体数据。可概括为数据表示、数据映射、数据对齐、数据融合以及协同学习五个层次。[②] 其中大部分围绕数据间的多模态数据映射展开。主流的多模态数据映射方法为：基于现有映射关系，首先将现有的多模态数据符号向量化，以此作为神经网络的输入端，结合已有的对应关系，映射到另一模态，在对

[①] 肖珺. 多模态话语分析：理论模型及其对新媒体跨文化传播研究的方法论意义 [J]. 武汉大学学报（人文科学版），2017，70（6）：126-134.

[②] BALTRUŠAITIS T, AHUJA C, MORENCY L P. Multimodal machine learning: a survey and taxonomy [J]. IEEE transactions on pattern analysis and machine intelligence, 2018, 41（2）：423-443.

海量数据不断训练后，得到具有普适性的跨模态数据映射模型。在心理学基础上，学界主要从心理和生理测量维度，针对不同通道的媒体感知信息对用户体验的效果进行了较多研究。莱克纳（Leckner）对视觉通道感知信息进行研究发现，文本内容在左侧会首先被看到，而且时间最长；大尺寸的产品比小尺寸的产品更容易被看到，用户停留的时间也更长；而动画广告在读者中并不受欢迎，不会引起更早的关注，也不会被更好地记住。虽然视差滚动技术可以提升用户体验，但是如果网站的视差滚动技术不是生动、新鲜、酷炫又容易使用的话，也不会受到用户认可。[①] 弗拉加（Vraga）利用眼动技术分析包含不同内容状态、链接和图片的Facebook（脸书）内容，以及社交、新闻和政治帖子等不同类型的Facebook新闻时发现，相比于政治类帖子，新闻类帖子和社交类帖子获得了更多的关注，人们的观看时间更长，并且在控制所有字符的情况下，人们看图片的时间明显增加。[②]

（二）主流媒体传播力绩效的优化策略研究

学界对主流媒体传播力绩效的优化策略研究主要从媒体实践维度上展开，对于传播效能的探索聚焦于从解释媒体传播效能的内涵出发，探讨提高传播效能的手段和途径。从媒体产品上看，各类新兴媒介形式凭借个性化、日常化等表达特点和碎片化的传播优势获得广泛青睐。随着新技术使用场景的丰富，可视化在传媒领域的应用范围不断拓展。黄楚新、薄晓静、苍淑珺针对主流媒体可视化报道的现实挑战，提出从媒介技术、用户体验、

---

① LECKNER S. Presentation factors affecting reading behaviour in readers of newspaper media: an eye-tracking perspective [J]. Visual communication, 2012, 11 (2): 163-184.

② VRAGA E, BODE L, TROLLER-RENFREE S. Beyond self-reports: using eye tracking to measure topic and style differences in attention to social media content [J]. Communication methods and measures, 2016, 10 (2/3): 149-164.

创作视角、传播渠道等四个方面创新，不断提升主流媒体声量。①成玲玲认为Vlog通过将沉浸式体验融入新闻传播之中，消解了新闻的严肃性，拉近了新闻和受众之间的距离，提高了新闻的传播效果。②蒋朴典、张名章发现短视频带来了内容生产和信息接收方式的双重变革，创新新闻传播形式、转变话语态势、传达主流价值。③从媒体定位上看，人格化、社交化、情感化逐渐取代了主流媒体原有的严肃形象。化定杰、强月新、杨雨凌认为主流媒体被赋予了人格化IP属性的媒介新形象，更具有"观众缘"，如《主播说联播》通过凸显主播个人形象、打造人际交流氛围、微视角报道大主题、加强与观众互动等方式进行人格化传播，有效提升了新型主流媒体的核心竞争力、品牌影响力、社会知名度和内容传播力。④⑤而李烨辉、霍丽丽主张主流媒体在转型升级的过程中，应加强对社交化传播的重视，在保证公信力的基础上积极提升社交化传播水平。⑥同时，张桢、庄严提出在突发公共事件报道中，主流媒体借助情感传播对受众的视听感官产生多重刺激，使受众在正面舆论的激发下迅速形成共同体意识从而有效提升主流媒体的传播力、引导力、影响力和公信力。⑦

---

① 黄楚新，薄晓静，苍淑珺.重大主题报道中主流媒体可视化传播的创新策略[J].新闻战线，2023（8）：47-51.
② 成玲玲.Vlog新闻的传播优势与提升策略[J].传媒，2021（16）：60-62.
③ 蒋朴典，张名章.短视频平台中主流媒体的内容生产与传播策略：以"新闻联播"抖音号为例[J].今传媒，2023，31（5）：13-16.
④ 化定杰.人格化IP建构：融媒生态下主流媒体传播策略创新[J].中国记者，2023（4）：90-92.
⑤ 强月新，杨雨凌.人格化：主流媒体新闻短视频传播策略创新[J].未来传播，2022，29（2）：2-10，120.
⑥ 李烨辉，霍丽丽.主流媒体社交化传播策略分析[J].传媒，2022（10）：47-49.
⑦ 张桢，庄严.主流媒体抖音短视频的情感传播策略研究：以《人民日报》抖音号为例[J].教育传媒研究，2023（3）：81-83.

五、现有研究述评

当下，针对主流媒体传播力绩效的研究角度逐渐呈现多元化，并与社会需求、时代发展、国家主旋律相契合。以上研究成果为本研究提供了重要的理论基础和参考框架，但尚不能完全适应现实需要，仍然存在一些值得深入研究的问题和空间。

第一，缺失媒体融合时代研究媒体传播活动及其具体形态的有效视角。无论是媒体本身的传播力绩效还是其信息的传播效能分析，学者们多以一种分散的单一模态视角，将其视为一个相对静止、单一的整体，而较少深入、立体地探讨多种模态间的互动及其意义，但"连接"个人用户、建立"开放型"媒体，是媒体融合进一步深化的方向，也是打造新型媒体必须突破的难点。多模态数据正积极参与到媒体传播活动中，进而形成一套复杂的、有效的多模态符号与意义表达系统。因此，多模态数据是不可割裂的整体，媒体如何运用多模态融合数据提升传播力绩效是当前全媒体融合实践中亟待解决的问题。

第二，未能建立起媒介融合背景下完备的科学评价体系。关于媒体传播力绩效评估的研究侧重于对策分析和评价指标体系构建，忽略了对于媒体融合的实际考察，至今还未建立起一个能涵盖媒体信息加工、处理表达与传播机制等多维媒介信息交互演化全过程系统的完备的评价体系。

第三，研究方法多以定性为主，定量研究较少。国外有关媒体传播力绩效理论和实证的研究不仅揭示了受众的信息认知与处理过程，实现了媒体传播力绩效的提升，还成为制定公共政策的依据，发挥了改善媒体内容的社会效益的作用。而国内关于媒体传播力绩效的研究刚刚起步，学者们仍习惯于通过对个别事物的观察或相关传播现象的讨论、思辨来获得提高媒体传播力绩效的对策。鲜有学者开展媒体传播力绩效评估的实证研究，多数偏重对媒体静态的信息传播现象的描述，而对动态的受众、媒介、社会等因素如何对媒体传播力效能起作用的关系性研究甚少，在传播效果理论指导下旨在测量与发展传播学理论的实证研究更是罕见，缺乏定量与定性的实证研究方法，从而系统地探索信息传播与媒体传播效能的作用机制。

第三节　研究架构及测量方法

一、研究架构

本研究的基本思路是充分理解和阐释党中央、国务院推进国家主流媒体传播力提升的最新政策；全面梳理国内外关于主流媒体传播力绩效评估体系构建的相关文献；充分调研国内外主流媒体传播力绩效评估范式的经验创新，进而形成有关绩效评估范式的系统化理论；结合新型主流媒体传播市场与格局的结构变化趋势，寻找影响主流媒体传播力绩效评估的新范式，将其应用于实际操作的评价之中，进而建立一套具有一定理论价值和实用价值、从点到面、逻辑一致的对策框架，形成提升国家主流媒体传播力绩效的政策建议蓝本，从媒体、用户、技术与国家意志等层面，对于未来全面提升国家主流媒体传播力绩效提供定制性明确、操作性强的范式创新方案与对策分析，如图1-1所示。

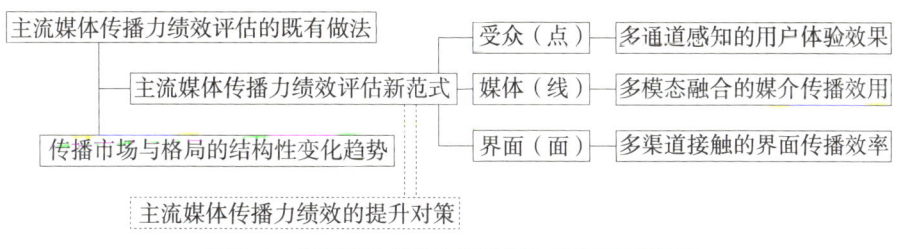

图1-1　主流媒体传播力绩效评估的研究思路图

（一）受众接触点（点）：多通道感知的用户体验效果

"受众"是主流媒体传播效能评估的一级指标，其研究目的在于洞察传播的目标受众，描摹目标受众的人口统计学特征、关注的兴趣点等。受众或者用户是传播首要而直接的接触点，深刻把握受众特征、需求与体验，有利于媒体传播效果的有效提升。通过多通道感知信息的用户体验相关因素（美学、情感、感知、享乐属性、认知负荷、交互性、社交回应、可接受性、说服性等）的发现，建立影响媒介用户体验的核心因素；引入认知神经科学技术及研究范式，针对影响媒介用户体验的核心因素进行测量；应用机器学习技术对真实的网络媒介中不同场景的用户体验数据进行挖掘，验证并调整实验室研究的结果。最终构建多通道感知信息对用户体验影响的评估体系。

（二）媒体信息流（线）：多模态融合的媒介传播效用

"媒体信息流"同样是主流媒体传播效能评估的一级指标。媒介效用是指媒体通过多种传播渠道平台，将不同模态的媒体信息以数据流的方式综合作用于受众，并引发受众反应的循环通道。"媒介传播效用"交互测量，通过媒体融合下媒体传播的动静传播效能相关因素的发现，建立影响媒体传播效能的核心因素体系；引入光散理念、多模态融合研究范式，针对影响媒介交互传播的核心因素进行测量，应用机器学习和深度学习方法对真实的媒体中不同模态下的数据进行挖掘，完成多模态融合的媒体传播效能评估模型的构建，验证并调整实验结果，最终提出媒体传播效能的提升策略。

（三）整体形象接触界面（面）：多渠道接触的界面传播效率

"界面"也是主流媒体传播效能评估的关键一级指标。瑞波特和贾沃斯基认为，为了整合传播主体与受众、市场和媒体之间的互动或关系而呈现出来的所有要素都是界面。这一探究层面，是未来整合媒体传播力竞争优势的关键。跨屏、跨媒体传受，改变了传统效果评估的要素构成与路径取向，带来了互动参与的新变量，而用户依然是界面构建不可或缺的要素。从多渠道接触的交互界面所涉及的信息交互水平、信息流量与存量、信息利用程度、用户交互感知等层面挖掘影响界面传播效率的测度指标，构建基于粗糙集的多渠道接触界面传播效率的智能评价模型，对真实主流媒体的界面传播效率加以评测。

二、测量方法

（一）生理学指标相关测量方法

生理学（生物学）的技术与方法也被广泛运用在用户体验的测量中。与问卷或量表相比，生理学技术能够直接测量用户的眼动、皮肤电反应、心率等指标，并通过这些生理学指标来衡量用户体验效果。

眼动是测量人类视觉注意力的一种有效方法，眼动测量主要借助眼动仪来实现。眼动仪能够记录参与者在视觉刺激下进行注视和扫视的模式。其中最常见的类型是使用红外角膜反射方法，该方法可测量红外光从瞳孔中心反射的距离和角度,以确定人的固定点,然后进行校准。[①]这种红外眼动跟踪具有足够准确的时间和空间分辨率。现代台式设备将微型头部和眼动追踪相机集成到LCD监视器中,从而使个人可以在眼动追踪期间自由移动头部。新一代眼动追踪系统相对较低的成本、较短的校准时间、自然的曝光条件以及不干扰测量的特性,极大地推动了眼动在学术研究中的应用。[②]

皮肤电反应(GSR)是测量皮肤电导的一种方法。它与整体唤醒水平呈线性相关,并随着焦虑和压力的增加而增强,被认为是测度情感反应的可靠指标。林垚等人就针对生理指标与传统用户体验指标相关联的可行性展开研究,收集并分析参与者的生理指标、任务表现和主观评价数据。研究结果显示,生理指标随任务表现的变化而变化,未完成任务的参与者比成功完成任务的参与者表现出更大的GSR变化。此外,GSR与用户体验自我报告数据之间存在相关性。这项研究初步证明了生理数据作为用户体验评估数据来源的潜在价值。

心率(HR)是另一种反映情绪状态的心血管活动指标。研究发现,心率会随一些消极情绪(如愤怒、焦虑、尴尬、恐惧、悲伤)以及一些积极情绪(如幸福、快乐、惊喜)的产生而增加。

电生理学技术(如脑电图)是评估用户的实时情绪状态的有效途径。柴静的一项研究考察用户与手机应用程序交互时的情绪状态。研究中参与者被要求在日常生活场景中使用三个相同类型的应用程序完成几项任务,研究者采用脑电图(EEG)数据结合三种自我报告问卷(PANAS&UEQ&SUS)对三款不同APP的用户体验进行了测评。研究

---

① YOUNG L R, SHEENA D.Eye-movement measurement techniques [J]. American psychologist,1975,30(3):315.
② WEDEL M, PIETERS R. Eye tracking for visual marketing [J]. Foundations and trends in marketing,2008,1(4):231-320.

结果表明，良好的用户体验与 FAA 的数据呈正相关［前额阿尔法不对称（FAA）在神经营销（neuro-marketing）中经常被用作愉悦度或喜好度的指标］。①

（二）大数据相关测量方法

当前人类已经迈入大数据时代，众多行业和领域在大数据技术的加持下实现了新的发展。大数据也逐渐与用户体验紧密结合起来，成为测量与提升用户体验的一种有效途径。其中，应用较为广泛的是推荐系统，许多领域应用推荐系统来提升用户体验。推荐系统是信息过滤系统的一个子类，它试图预测用户对一个项目的"评级"或"偏好"，其本质上要处理的是用户体验的问题，良好的个性化推荐可以提升用户体验。推荐系统最常见的应用是 YouTube（优兔）、Netflix（网飞）和 Spotify（声破天）等视频和音乐服务的播放列表生成器，亚马逊等服务的产品推荐器，②或者 Facebook（脸书）和 Twitter（推特）等社交媒体平台的内容推荐器。③ 例如 YouTube 的推荐系统使用用户的观看历史、搜索记录以及相关的用户统计信息这三个主要的观看因素来推荐视频。推荐视频通过候选生成器与排名过滤器筛选出来，此二者决定了 YouTube 如何读取、筛选视频，如何生成推荐列表。

---

① CHAI J，GE Y，LIU Y，et al. Application of frontal EEG asymmetry to user experience research［C］//Engineering Psychology and Cognitive Ergonomics：11th International Conference，EPCE 2014，Held as Part of HCI International 2014，Heraklion，Crete，Greece，June 22-27，2014. Proceedings 11. Cham：Springer International Publishing，2014：234-243.
② THOMAIDOU S，VAZIRGIANNIS M. Multiword keyword recommendation system for online advertising［C］//2011 International Conference on Advances in Social Networks Analysis and Mining. New York：IEEE，2011：423-427.
③ KAKLAUSKAS A，ZAVADSKAS E K，RADZEVICIENE A，et al. Quality of city life multiple criteria analysis［J］. Cities，2018，72：82-93.

候选生成器与用户的观看记录、相似用户观看过的视频相关；排名过滤器则主要基于用户输入、视频新鲜程度、点击率等因素。

推荐系统通常基于大数据技术，依托多种类型的算法实现，主要包括内容过滤、协同过滤、矩阵分析、聚类分析、深度学习等五大类型。

第一是内容过滤。内容过滤是推荐系统的一种重要设计方法，内容过滤为每个用户或产品创建一个配置文件以表征其性质。例如，电影资料可以包括电影类型、参演演员、票房受欢迎程度等属性；用户个人资料可能包括人口统计信息或在适当的调查问卷上提供的答案。[1]当前，许多媒介平台都采用了内容过滤的方法为用户推荐内容。Netflix的影片推荐系统应用了内容过滤的方法，其推荐系统把影片预测评分、内容标签、演员、奖项等作为推荐理由对影片进行筛选和划分。影片推荐系统的推荐理由选择算法会评估与推荐影片相关的可供显示的所有条目，然后选择最有利于帮助用户做出判断的条目显示在页面的推荐理由区域。例如，推荐理由选择算法会决定是应该标明一部影片获得过奥斯卡金像奖，还是提示用户这部影片与其最近刚看完的某部影片非常相似。网易云音乐的音乐推送同样使用基于内容的算法，算法主要根据歌曲的不同特性（比如旋律、节奏、编曲和歌词等），计算歌曲的相似度，并给用户推荐与其之前喜欢的音乐在特性上相似的其他音乐。小红书的首页推荐主要是基于内容的相似性（包括内容标签相似与图片相似）进行推荐，推荐系统会根据用户喜爱的内容标签与曾经的浏览记录，向用户推荐其浏览过或点赞过内容的相似内容，并且这种基于用户喜爱的内容标签的推荐算法是实时的。同时，小红书中视频和图文的形式也影响推荐，即视频内容的相关推荐都是视频内容，不会推荐关键词相似的图文内容。在这一推荐系统下，小红书可以根据每个人的行为数据和偏好推荐其感兴趣的内容，用户可以找到自己偏爱的内容；同

---

[1] KOREN Y, BELL R, VOLINSKY C. Matrix factorization techniques for recommender systems [J]. Computer, 2009, 42（8）: 30-37.

样地，对于分享内容的达人和平台方来说，只有个性化推荐的方式才能使自身的优质内容得到精准和充分的曝光。

第二是协同过滤。协同过滤是一种应用广泛的推荐系统设计方法。[1] 协同过滤的方法仅依赖于用户过去的行为（例如，以前的交易或产品评分），而无须创建明确的配置文件。这是第一个推荐系统 Tapestry 的开发人员创造的术语。协同过滤是在海量数据中挖掘出小部分与用户品位类似的用户，在协同过滤中，这些用户成为邻居，然后根据他们喜欢的内容组织成一个排序的目录推荐给用户。[2] 协同过滤不依赖于机器可分析的内容，因此它能够准确地推荐复杂的内容，如电影，而不需要"理解"条目本身。在推荐系统中，许多算法被用于测量用户相似度或物品相似度。当前，许多媒介平台都采用了协同过滤的方法为用户推荐内容。Netflix 在对用户行为的分析中应用了协同过滤的方法，其从用户如何观看视频（使用什么设备、每天的什么时间、每周的哪几天，观看的频率）、如何发现视频、哪些视频已经推荐给了用户但并未被播放等维度来分析用户使用该平台的行为，将用户行为信息进行统计与分析后，用于用户影片推荐，有效提升了推荐的准确性。同时，Netflix 也使用面向用户的邻域方法进行推荐，如果某一用户喜欢电影 A，推荐系统会找到同样喜欢电影 A 的相似用户，然后确定相似用户喜欢的其他电影，再将这些电影推荐给该用户。京东在商品推荐的过程中应用了协同过滤的方法，一方面是基于用户的协同过滤，当系统发现某一用户购买 A 商品，而有其他用户同时购买了 A 商品和 B 商品，那么系统猜想该用户同时喜欢 B 商品的可能性也很大，就会把 B 商品推荐给该

---

[1] BREESE J S, HECKERMAN D, KADIE C. Empirical analysis of predictive algorithms for collaborative filtering [J]. Uncertainty in artificial intelligence, 2013, 98（7）: 43-52.

[2] HERLOCKER J L, KONSTAN J A, TERVEEN L G, et al. Evaluating collaborative filtering recommender systems [J]. ACM transactions on information systems（TOIS）, 2004, 22（1）: 5-53.

用户；另一方面是基于物品的协同过滤，京东会将相同类型的商品推荐给用户。亚马逊网站的推荐使用从商品到商品的协同过滤推荐算法，它们将有关顾客的兴趣作为输入，来产生一个推荐商品的列表。亚马逊的推荐系统基于几个简单的要素：用户在过去曾带来过什么，用户在自己的虚拟购物车中放入了什么物品，用户曾经打分或称赞过的物品，以及其他用户曾经浏览和购买过什么物品等。亚马逊利用推荐算法，对每位顾客提供在线商店个性化。网易云音乐在歌曲推荐中应用了协同过滤的方法，其基于用户行为计算歌曲的相似度，然后进行推荐。具体来讲，如果用户将歌曲分享到微信朋友圈，网易云音乐可以通过账户对应的ID识别联系的好友，而朋友之间的兴趣点极有可能是相似的。同时，网易云音乐记录了所有用户的听歌记录以及用户对歌曲的反馈，在这一基础上计算出不同用户在歌曲上的喜好相似度，从而给用户推荐与其有相似听歌爱好的其他用户喜欢的歌曲。

　　协同过滤在广告领域中有许多应用，已有研究指出协同过滤有利于广告精准投放的实现，给定用户使用（基于协同过滤）系统的次数越多，推荐就会越精准，因为系统会获得数据来改进该用户的模型。[1] 协同过滤在投放广告之前了解潜在用户的主要特征，以及他们对产品的期待，可以有效地满足消费者个性化的需求，广告投放更精准、效果更好。谷歌广告借助基于位置信息的协同过滤推荐，使其在手机客户端上可以根据用户所在的位置，推送与该位置相关的广告信息，即基于位置的广告（LBA）。Facebook通过对用户位置信息进行分析投放广告，具体来讲，Facebook的广告商通过Facebook移动应用程序（该功能可以关闭）可以看到用户的位置，只要用户开着手机的定位功能逛街，Facebook就可以根据用户逛过的

---

① KLUVER D, EKSTRAND M D, KONSTAN J A. Rating-based collaborative filtering: algorithms and evaluation [M] //Social Information Access. Cham: Springer, 2018: 344-390.

足迹来推荐店铺的广告。目前，Facebook 的这款商店跟踪工具可用于十几个国家的"成千上万"的企业，广告商也可以根据 Facebook 的位置信息筛选广告投放范围。

第三是矩阵分析。矩阵分析推荐将不同类型的输入数据放置在一个矩阵中，其中一个维度表示用户，另一个维度表示感兴趣的项目。矩阵分析可以合并其他信息，当没有明确的反馈时，推荐系统可以使用隐式反馈来推断用户的偏好，隐式反馈通过观察用户行为（包括购买历史、浏览历史、搜索模式甚至鼠标移动）来间接反映意见。隐式反馈通常表示事件的存在或不存在，因此通常由密集填充的矩阵表示。基于矩阵分析的潜在因子模型在广告领域有很多应用。矩阵分析在其基本形式中通过从项目评分模式中推断出的因子向量来表征项目和用户，而项目和用户之间的高度对应则会引发推荐。近年来，这些方法通过将良好的可伸缩性与预测精度相结合而变得流行。此外，它们为建模各种现实情况提供了很大的灵活性。Netflix 收集电影的星级评分应用了矩阵分析的方法。矩阵分析已成为协同过滤推荐器中的主要方法。它提供了紧凑的内存高效模型，系统可以相对轻松地学习。使这些技术更加方便的是，模型可以自然地集成数据的许多关键方面，例如多种形式的反馈、时间动态和置信度。矩阵分析算法能够帮助企业利用数据，更加直观明了地显示已有信息，从而有针对性地制定满足客户需求的广告方案，能够有效提升资源转化率。

第四是聚类分析。聚类分析是根据事物本身的特性研究个体的一种方法，目的在于将相似的事物归类。聚类分析通过分析事物的内在特点和规律，根据相似性原则对事物进行分组。其本质是识别用户组，并对这个组内的用户推荐相同的内容。聚类分析算法适用于较大型的推荐系统，可以提高复杂推荐系统的性能。相关应用有利于提高用户特征数据以及详细分析的准确率，精准性高，有利于广告与营销信息的精准推送，可以在时间和空间上节约大量成本，有助于更快地检索适当的信息。许多平台采用聚类分析方法为用户推荐内容。例如今日头条基于用户感兴趣的类别和主题、关键词、来源、用户性别、年龄、常驻地点等信息将用户聚类,形成用户标签,其中,性别信息通过用户第三方社交账号登录得到。年龄信息通常由模型预测,通过机型、阅读时间分布等预估。常驻地点来自用户授权访问位置信息,在位置信息的基础上通过传统聚类的方法确定常驻地点。常驻地点结合其他信息,可以推测用户的工作地点、出差地点、旅游地点。更具体地讲,今日头条利用数据挖掘方式从社交媒体平台及各大新闻媒体获取信息,智能地分析每时每刻最热门的资讯,然后通过分析用户绑定的社交平台账号以及用户关注的今日头条号、频道、话题等方式来获取用户的兴趣,通过智能化推荐引擎来有针对性地推荐新闻资讯,读取用户社交平台账号的相关信息,比如新浪微博关注的账号类型,分析用户感兴趣的领域,然后推荐更多类似新闻。同时,今日头条借助 Storm 集群流式计算系统快速更新用户标签,降低计算资源开销,也实现了较快速度的用户兴趣模型更新以及平台内容的个性化推荐。

聚类分析在营销(广告)领域中被广泛应用。市场研究人员利用聚类分析将一般消费者群体划分为细分市场,以便更好地了解不同群体消费者/潜在客户之间的关系,并用于市场细分、产品定位、新产品开发和选择测试市场。市场营销人员可以根据用户购买动机的不同来划分用户类型,将用户购买动机指标进行量化,再运用聚类分析的方法进行分类,以提高对用户的了解,提高广告投放的精准度。亚马逊的定向广告传统上依赖于人口统计数据,然后对其进行类别划分:化妆品主要针对女性,烤肉针对男性;痤疮药物针对年轻人,心脏药物针对老年人。Twitter 针对目标人群进行定向广告投放,其会根据 Interest(兴趣)、Followers(粉丝)和 Keywords(关键词)三个方面进行投放,其中,兴趣就是每一个 Twitter 用户平时发过什么内容、和什么内容互动、关注了哪些账号,都会被贴上标签。粉丝投放,比如一个 APP 想投放给对音乐感兴趣的人,那么就可以选择对音乐感兴趣的人（如贾斯丁·比伯的粉丝）等。当前，由于微型计算机的广泛使用，公开可用的媒体数据对于有针对性地投放广告有很大帮助。诸如 Twitter 之类的博客服务能够提供用户兴趣的详细特征。阿纳格诺斯托普洛斯（Anagnostopoulos）和佩特罗尼（Petroni）等人在研究中介绍，广告商可以利用 Twitter 的公共信息：通过收集推文的地标数据，获取用户轨迹数据，进而构建用户配置文件，以评估其对预定义主题相关广告类别的兴趣程度。[1] 移动设备、社交媒体的内容共享推动聚类分析的细化发展。除了年龄、性别等基础人口信息，还可以根据其点赞、浏览记录分析兴趣爱好；移动设备的定位系统可以将受众定位到街区、商场等更具体的位置，从而有针对性地投放广告。

　　第五是深度学习。深度学习（也被称为深度结构化学习）是基于人工神经网络的学习，是更广泛的机器学习方法的一部分。[2] 深度学习的概念由辛顿（Hinton）等人于 2006 年提出。深度学习的实质是通过构建具有很多隐层的机器学习模型和海量的训练数据，来学习更有用的特征，从而提升分类或预测的准确性。深度学习强调了模型结构的深度，突出了特征学习的重要性，通过逐层特征变换，将样本在原空间的特征表示变换到一个新特征空间，从而使分类或预测更加容易。与人工规则构造特征的方法相比，利用大数据来学习特征，更能够刻画数据的丰富内在信息。深度学习已被应用于在线广告领域中，在点击率预测以及进一步广告推荐中有重要作用。利用深度学习可以对在线广告用户点击行为进行预测，用户点击率预测在信息检索领域就是非常核心的问题，对于广告商的广告投放策略有很大的

---

[1] ANAGNOSTOPOULOS A，PETRONI F，SORELLA M. Targeted interest-driven advertising in cities using Twitter [J]. Data mining and knowledge discovery, 2018, 32（3）: 737-763.

[2] BENGIO Y，COURVILLE A，VINCENT P. Representation learning: A review and new perspectives [J]. IEEE transactions on pattern analysis and machine intelligence, 2013, 35（8）: 1798-1828.

参考价值。深度学习能够有效提升对用户行为预测的效率，节省过去进行特征处理的大量人力。

当前，互联网巨头对于深度学习系统正进行着不断的研究和探索。谷歌内部也不断尝试引入深度学习方法解决点击率问题，包括展示广告的点击率预估。百度也在尝试将深度学习作用于搜索广告中，最大的挑战在于当前的计算能力还无法接受 10^{11} 级别的原始广告特征作为输入。为了解决这一问题，在百度的深度学习系统中，特征数从 10^{11} 数量级被降到了 10^3，从而能被正常地学习。亚马逊已经于 2018 年申请了一项新技术专利，该技术将使用其智能语音助手 Alexa 监控用户情绪，然后利用深度学习算法等技术分析用户智能音箱指令的音高和音量，并根据用户的"感觉"做出反应。专利中介绍 Alexa 可能会识别出"快乐、高兴、愤怒、悲伤、烦躁、恐惧、厌恶、厌倦或压力"等情绪，并对相应指令做出回应，包括提供"具有高度针对性的音频内容，比如音频广告或促销"。京东在个性化推荐系统的在线排序中也应用了深度学习算法。采用排序学习的方法来实现各个模型的融合，这样能够充分考虑用户和商品在多个特征维度上的相互作用和影响。排序学习首先根据用户的行为日志对历史场景进行恢复，然后构建训练样本、对模型进行训练，在离线评测达到最优时再进行线上的实验和部署。深度学习在广告推荐系统中的使用能够在时间和空间上节约大量成本。可以帮助进行传播趋势分析、内容特征分析、互动用户分析、正负情绪分类、口碑品类分析、产品属性分布等，可以实现对竞争对手的有效监测，提升广告分类预测的准确性，提高广告投放效率，为广告商降低成本。

（三）问卷、量表相关测量方法

问卷、量表相关测量方法在用户体验的测量中被广泛使用，随着用户体验研究的不断开展与深入，一些量表逐步被开发，并在后期的研究中逐步发展完善，成为评估用户体验的有效工具。其中使用较为广泛的量表包括 SAM、QUX、UEQ 等。

SAM（Self-Assessment Manikin，自我评估人体模型）是一种非语言的图像评估技术，用于直接测量与一个人对各种刺激的情感反应相关的快乐（pleasure）、觉醒（arousal）和支配（dominance）。SAM 评分可以直接将任何对象或事件绘制成二维情感空间，使空间中的位置成为定义情感和区分情感类别的一种操作方法。

QUX（Quantified UX，量化用户体验）是由弗洛里安·拉赫纳（Florian Lachner）等人提出的一种描述用户体验的特定的、可量化的方法。量化用户体验包括外观（look）、感觉（feel）和可用性（usability）三大类别，每个类别下分别有三个维度，针对每个维度设置三个问题，并通过 7 点李克特量表进行测量，从而实现对产品用户体验的量化。在应用上，研究还开发了一个图形化工具来呈现用户体验结果。QUX 被认为是对现有用户体验测度方式的补充，可以成为企业评估产品用户体验的有效工具。

UEQ（User Experience Questionnaire，用户体验调查问卷）是一种在对软件质量和可用性进行评估时广泛应用的工具。通过测度传统的易用性方面的指标，以及体验方便的指标，高效实现对用户体验的获取。UEQ 可以方便快捷地评估用户体验的综合印象。调查问卷由 6 个相对独立的因素组成，包括吸引力、敏锐度、效率、可靠性、刺激和新奇性。该调查问卷包括 26 个项，每个项由一个形容词及其反义词组成。用户使用 7 分制来评估他们对每对单词的偏好。

AttrakDiff 是一款用来测度产品主观易用性的工具，用户需要根据使用产品过程中的某一方面的体验从低到高对产品进行评分，分数越高，表明产品的某一方面设计得越清晰。AttrakDiff 量表中包含 28 个双极项目，按 7 点李克特量表评定实用度（pragmatic quality）、愉悦度—刺激性（hedonic quality - stimulation）、愉悦度—身份同一性（hedonic quality-identify）、吸引力（attractiveness）。①

UES（User Engagement Scales，用户参与度量表）由奥布莱恩（O'Brien）和汤姆斯（Toms）开发，这一量表用于报告用户参与度。它将参与性解释为6个因素的组合：集中注意力（FA）、感知可用性（PU）、美学（AE）、耐久力（EN）、新颖性（NO）和感觉参与（FI）。② 用户参与度量表是一份包括31项自我报告的问卷，可以对用户体验进行总体评估，还可以评估用户对每个属性的看法。该量表已经在购物、社交网络和新闻网站中得到验证。

SPES（Spatial Presence Experience Scale，空间存在体验量表）是一种简短的8项自我报告量表。SPES源自空间存在的过程模型，并将空间存在评估为一个二维结构，包括用户的自定位和在媒体环境中感知到的可能行为。SPES比许多其他可用的空间存在尺度都要短，可以方便地应用于各种媒体设置。

PANAS（The Positive and Negative Affect Scale，积极消极情感量表）是衡量情绪或情感最常用的量表之一。这一量表由20个项目组成，其中10个项目衡量积极情感影响（例如兴奋、鼓舞），10个项目衡量消极情感影响（例如沮丧、恐惧）。每个项目均采用5点李克特量表进行评分，以衡量在指定时间范围内受情感影响程度。PANAS旨在衡量各种情况下的情感影响，例如现在、昨天、一周或一年，或者总体（平均）。因此，该量表可用于衡量情感、性情或特质影响，特定时间段内的情绪波动或对事件的情

---

① WETZLINGER W，AUINGER A，DÖRFLINGER M. Comparing effectiveness, efficiency, ease of use, usability and user experience when using tablets and laptops [C] //International Conference on Design, User Experience, and Usability. Cham：Springer International Publishing，2014：402-412.

② O'BRIEN H L，TOMS E G. The development and evaluation of a survey to measure user engagement [J]. Journal of the American society for information science and technology，2014，61（1）：50-69.

绪反应。[1]

SUS（System Usability Scale，系统可用性量表）用于软件系统、产品或网站的可用性评估，特别是用于竞争分析。SUS 包括 10 个陈述句，参与者根据他们对这些句子的赞同程度，对每个句子的评分从 1（完全没有）到 5（非常多）不等。请注意，SUS 评分仅代表系统的总体可用性，而系统的不同属性，如有效性和效率，不在 SUS 中度量。

SEQ（Single Ease Question，单一问题）是与 SUS 相对的一种可用性评估方法。在每一项任务结束后都会发放 SEQ 进行评估（SUS 是在整个可用性评估会话结束后进行的）。在每一项任务后问卷尽可能简单，以尽可能减少对流程的干扰。SEQ 要求用户评估他们刚刚完成的动作的难度，使用 7 分量表进行"非常容易"到"非常困难"的评估。

可用性测试问卷使用 5 点李克特量表评估效率（efficiency）、满意度（satisfaction）、感知有用性（perceived usefulness）和学习对象评估（learning object evaluation）。[2]

SERVPERF 模型（服务质量模型）所评估的服务质量由相同的五个维度组成，即有形、可靠性、响应性、保证和移情。研究使用 SERVPERF 模型来更准确地捕捉在线用户评论的内容，使用情感分析，从用户生成的评论中获取 SERVPERF 模型维度感知（意见）。

分布式认知框架（Distributed Cognition Framework）结合非参数多准则评价方法，比较不同的电子商务网站的消费者或用户观点，其总共测量 9 个变量，分为 3 个网站宏观维度，分别是用户体验、站点导航和结构。

---

[1] WATSON D, CLARK L A, TELLEGEN A. Development and validation of brief measures of positive and negative affect: the PANAS scales [J]. Journal of personality and social psychology, 1988, 54 (6): 1063-1070.

[2] DOWELL N M, SKRYPNYK O, JOKSIMOVIC S, et al. Modeling learners' social centrality and performance through language and discourse [C]//Proceedings of the 8th international conference on educational data mining. Massachusetts: International Educational Data Mining Society, 2015: 250-257.

第四节　相关概念

一、用户体验

用户体验（User Experience）的概念相对比较明确，用户体验即与产品、服务、环境或设施交互时用户体验的所有方面，它从用户的角度出发，包括产品、系统或服务的可用性和合意性的所有方面。用户体验是理解和研究交互式产品使用效果新方法的总括用语。

用户体验概念提出之前，研究者多围绕产品对用户情感的影响方面进行研究，直到诺曼（Norman）等在一项针对苹果电脑的研究中开始使用用户体验的概念，认为用户体验概念应该包括情感因素。阿尔本（Alben）认为用户体验是指人们如何使用互动产品的所有方面：产品在用户手中的感觉如何，用户对产品的工作原理了解多少，用户在使用产品的时候感觉如何，产品有多好地服务于用户的目的，以及产品与用户使用的背景有多好的契合度。福利齐（Forlizzi）和贝本塔布特（Battarbee）认为，用户体验具有多种含义，从传统的可用性到技术使用的美、享乐、情感或体验方面。[1]哈森扎哈尔（Hassenzahl）指出，用户体验是用户内部状态（倾向、

---

[1] FORLIZZI J, BATTARBEE K. Understanding experience in interactive systems [C] // Proceedings of the 5th conference on designing interactive systems: processes, practices, methods, and techniques.New York: ACM Press, 2004: 261-268.

期望、需求、动机、情绪等）、所设计系统的特征（例如复杂性、目的、可用性、功能等）和在其中发生交互的上下文（或环境）（例如组织/社会环境、活动的意义、使用的自愿性等）的结果。[1] 梅尔霍尔茨（Merholz）将用户体验的概念引入软件的研究中，认为用户体验应涵盖用户使用该系统的所有方面，如工业设计图形、界面、物理交互和操作手册。哈森扎哈尔将用户体验定义为与产品或服务互动时的一种瞬间的主要是评价性的感觉。库里夫斯基（Kuriavsky）指出，用户体验是用户与系统交互所产生的感知，包括性能、效率和情感满足，用户体验是主观的，因此不同的用户会产生不同的结果，随着时间和语境的变化会有不同的感知。

回顾学界对用户体验的定义及相关研究，可以从三个方面出发来理解用户体验：第一，从用户体验的客体（对象）来看，包括产品、服务、系统、环境；第二，从影响用户体验的因素来看，主要包括用户的内部状态、体验对象的特征、用户与体验对象发生交互的环境；第三，从用户体验自身来看，用户体验是主观的和整体的，它具有功利主义和情感因素，并且随时间而变化。功利主义包括性能、效率等，情感因素则包括满足感、享乐感等。

二、媒介

媒介（medium）一词来源于拉丁文中的medius，含义是"中心、中间"，具有居于两者之间的意思。"媒介"在英文中有两种翻译，即Medium与Media，《牛津高阶双解英汉双解词典》中对"medium"的解释为"表达或传播的媒介、方法或手段"、"两极端间的中间物"及"介质"等意

---

[1] HASSENZAHL M, TRACTINSKY N. User experience-a research agenda [J]. Behaviour & information technology, 2006, 25 (2): 91-97.

思，近似于中文里的"媒介"；"Media"大约出现于19世纪末20世纪初，media主要有"大众传播工具，如电视台、电台、报纸"之意，更接近于中文语义中的"媒体"；media也是medium的复数形式，这可能是引发英汉互译中两者混淆的原因，同时也是促使两者在中文使用中混淆的原因。medium和media所表述的是"媒体"还是"媒介"，需要结合语境具体分析。当前学界对于"媒介"并没有形成公认的统一的定义，研究者多从不同的研究视角对"媒介"进行定义，主要分为技术性媒介、社会性媒介、时代性媒介等三大类。

技术性媒介是为传播服务且作为技术性实物而存在的传播途径，包括报纸、收音机、电视、书籍、照片等。也就是说，除了面对面直接传播模式，所有信息传播的渠道和手段都需要具象为一种工具性实物，如书信、电报和电话等，这些可以作为技术性媒介，而语言与非语言行为则不是媒介。[1]进一步将媒介定义为传递信息的方式和通道，即通过一对一或一对多（如大众媒介）等方式传递信息、资讯、文本等的通道。由此可见，技术性媒介的定义是侧重于媒介传播的工具层面，该传播工具以文本为核心。

社会性媒介是将媒介放在人与社会的大背景下，探讨媒介与人的关系，使媒介从一种物化的技术工具中跳脱出来，从人的使用角度出发，研究媒介的外延功能与本质特征，"媒介是人体的延伸"，"媒介即万物，万物即媒介"，凡是与人体发生某种联系均可被称为媒介。[2]比如，印刷媒介、视频媒介是人体的视觉延伸；交通工具是人体肢体功能的延伸；电视则是全身感官及触觉的延伸；等等。媒介无时不有，无处不在，说明了传播媒介对人类感觉中枢的深刻影响。

---

[1] MEYROWITZ J. No sense of place: the impact of electronic media on social behavior [M]. New York: Oxford University Press, 1985: 63.

[2] MCLUHAN M. Understanding media: The extensions of man [M]. NewYork: McGraw-Hill, 1964: 37.

时代性媒介强调以媒介时代来定义不同类型的媒介。在以往的科学研究中，普遍以影响社会生产力水平的技术发展来区分人类历史发展时代，随着媒介对人类社会的影响越来越大，以媒介来区分人类历史发展时代的观点日益得到众多学者的采纳。波斯特（Poster）认为第一媒介时代是以传统的报纸、广播和电视为代表，媒介特点是信息制作者极少而信息消费者众多的单向型、播放型模式；第二媒介时代是以微博、微信等互联网媒体为代表，媒介特点是集媒介的制作者、销售者和消费者于一体的双向型、去中心化的交流模式。

三、接触界面

"界面"（Interface）概念和许多技术词语一样，是个舶来品，在《汉语大辞典》中指的是物体与物体间的接触面。由此可知，界面无处不在，不同学科视角指涉不同。在物理、化学领域，界面表示不同质物体间的接触面，如液体/固体界面。后来应用到信息科学领域，指的是"两种或多种信息源面对面交汇之处"。生态学中的界面是生物系统与非生物环境系统间的接触面；管理学中的界面是相对独立的组织间的接触点。在包括媒介传播在内的信息传播领域，"接触界面"可以界定为信息传播者和信息接收者之间的关系赖以建立和维系的接触面，包括呈现信息的物质载体的硬件（硬界面）和支撑信息系统运行的软件（软界面），其主要功能是实现信息的输入和输出。受众正是通过这些界面才能使用媒介并从中获得满足。

总之，人类媒介传播史就是一部媒介界面不断优化以使受众需求得到更好满足，从而使媒介的传播能力不断提升的历史。传播媒介界面的进化逻辑，可以用美国后麦克卢汉主义学者保罗·莱文森的媒介演化"人性化趋势"（anthropotropic）和"补偿性媒介"（remedial medium）理论来解释。

莱文森认为，人类技术开发的历史说明，技术发展的趋势是越来越人性化，技术是在模仿甚至复制人体的某些功能，或者感知模式和认知模式。同时任何一种后继的媒介，都是一种补救措施，都是对过去的某一种媒介或某一种先天不足的功能的补救和补偿。

换言之，人类的技术越来越完美，越来越"人性化"。界面在满足人类感官需求上，从单纯诉诸视觉（书籍、报纸、杂志等平面媒介界面）、听觉（广播媒介界面）到诉诸视听觉（电视媒介界面），直到诉诸多种感觉器官（互联网、手机媒介界面），经历了从感知失衡到感知平衡的过程，印证了麦克卢汉描述的人类传播媒介所经历的"整合化—分割化—重新整合化"的过程。也就是说，当媒介发展到拥有可以让多种感官参与的互动界面、多种模态传播内容融合的互动界面，以及跨屏多源平台嵌入的互动界面阶段后，媒介就会越来越适应人类的需求，越来越符合人类通过媒介以促进自身发展的要求，这是源于互联网、手机等数字互动媒介始终将受众作为界面设计的出发点和归宿。

四、传播力绩效

"力"在物理学中常指代物质之间的相互作用。最早刘建明提出，传播力是媒介的实力及其搜集信息、报道新闻、对社会产生影响的能力。[①] 该定义强调媒介内容生产与传播能力的效果。2013 年这一学术概念被作为国家对主流媒体的新要求得以提出。习近平总书记在 2016 年 2 月 19 日党的新闻舆论工作座谈会上强调要切实提高党的新闻舆论传播力、引导力、影响力、公信力。至今，学界与业界对传播力概念落脚点置于传播能力、传播

---

① 刘建明. 当代新闻学原理 [M]. 北京：清华大学出版社，2003：40.

效果、传播权力等某种单一力的界定[①]。本研究认为媒体传播力概念应从特定的研究场域出发，基于媒介进化理论下"媒体+传播+力"的不同研究取向中各要素间的关系与组合方式。

绩效的概念具有多学科特点。在经济学领域，绩效分为宏观和微观两层面：宏观上的绩效指资源配置的效率评价；微观上的绩效指员工对组织的承诺。在社会学领域，绩效指每位组织成员履行组织分工、角色、职位所应承担相应职责的程度。在管理学领域，绩效归纳为结果论、行为论及行为结果论三种：结果论提出绩效是评价对象的活动在一定时间范围内达成的目标、结果及成绩等；行为论认为绩效是能按照一定方法和标准被观测的行为本身；行为结果论强调绩效是行为和结果的全面、动态效果的表征。

综合传播力与绩效的内涵、外延，本研究认为传播力绩效是媒体信息在传受过程中所涉及的受众、媒体、市场三维度构成的"受众接触点（点）—媒体信息流（线）—整体形象接触界面（面）"三者关系的用户体验效果、媒介传播效用及界面传播效率。其中，用户体验效果指主流媒体传播用户感知的成效和结果，凸显人们通过多通道感知方式收获合乎传播目标性的结果；媒介传播效用指媒介使用者进行信息交互时，依托文本、表情、姿态、语音等形式传递符号信息、情绪信息、情境信息，表征对媒介使用的心理满足程度。界面传播效率侧重于衡量在多渠道接触面的跨屏、跨媒体交互过程中，对信息传递过程、结果及用户交互感知和服务的评价程度。

---

① 余红，余梦珑.媒体传播力概念辨析[J].中州学刊，2021（1）：165-172.

第二章 数智时代主流媒体传播力绩效样态演进

第一节　数字智能技术推动主流媒体传播力评价变革

主流媒体传播力评价反映了媒体传播环境的变化和传播需求的多样化。评价主体矩阵化、评价标尺多层次和评价对象多模态是当前评价方式快速变化的重要趋势。这一变化有助于更准确地衡量和评估媒体传播力的绩效，为媒体发展提供参考和指导。同时，这也对传统的评价方法和指标提出了新的挑战，需要进行进一步研究和探索，以适应新的传播环境和需求。

一、评价主体矩阵化

评价主体矩阵化是指将传统单一的主体评价模式转变为多元化的评价模式，包括对各主体评估权重值的分配。传统的主流媒体评价主体主要集中在大型传媒机构，例如电视台、广播台、报社等。这些机构拥有强大的资源和影响力，对公众舆论的引导具有较大的影响力。因此，传统评价范式往往将这些主流媒体视为主要评价对象，关注其市场份额、收视率、传播效果等指标。然而，在当前信息爆炸的时代，媒体参与者已经不再局限于传统媒体机构，自媒体、网络平台等各类新兴媒体也成为媒体传播的重要组成部分。将不同类型的媒体参与者纳入评价体系，便于全面准确地评估媒体传播力绩效。同时应当考虑大数据分析在评价主体矩阵化中的应用。通过采集和分析大量关于传媒参与者的数据，如粉丝数量、用户互动情况等以更精确地衡量传媒参与者的传播力绩效，以及他们在媒体传播中的作用和贡献。最后，评价主体矩阵化还需要考虑到不同媒体形式之间的相互影响。例如，传统媒体与新媒体之间的互动关系、互联网平台与社交媒体之间的协同效应等。评价主体矩阵化应当从宏观的视角考虑不同媒体形式之间的关联和影响，以便更加全面地评估主流媒体传播力绩效。

二、评价标尺多层次

传统主流媒体传播力的效果评价通常基于传播量的统计，聚焦于收视率、收听率等表层数据指标，这种评价方法可以提供有关传播的基本数据，但无法真正反映传播的影响力、品质和社会效益。在电视媒介时代，观众的认可度和满意度虽然有量化的统计模型呈现，但也缺乏个性化、互动反馈。而在网络新媒体融合时代，则反映为某一主流媒体账号、短视频、微博等的"阅读、播放、转发、评论、点赞"等数据，这一系列数据形成的结论可能使传播效能评价浮于表面。在当前的媒体环境下，信息传播形式日益多样化，传播渠道日益丰富，传统的单一评价标准已经无法满足多样化的传播需求，需要向更多元化的指标体系迈进。除了有基本的评价框架，还要给不可量化的媒体效果评价成果转换实践留出适度空间，以更全面地了解传播力的绩效[①]。传统的量化指标可以提供关于传播量、传播速度、传播范围等方面的信息，但对于传播质量和影响力则存在局限性。因此，评价标尺多层次的转变需要引入质化指标，例如用户关注度、社会影响力、

[①] 喻国明，胥伟岚．如何建立主流媒体传播效能的全新评价范式[J]．媒体融合新观察，2022（6）：12-16．

受众参与度等，形成一个更全面和准确的评价体系。在信息爆炸的时代，用户越来越追求优质、具有创新性和相关性的传播内容，因此还需要考虑到传播内容的质量、创新性和相关性以及传播的目标，了解传播的实际影响和效果，以便更好地评估传播力的绩效，为媒体发展和传播策略的制定提供科学依据。

三、评价对象多模态

在传统媒体时代，媒体传播产品是以报刊文章、电视新闻、文娱节目等单一形态的内容呈现，对受众的接纳和喜好程度测量较为便利。但在媒介深度融合时代下，既要考虑对线性内容和服务效果进行评价，更要对被深度开发后的媒体产品和服务的绩效进行评价，在构建信息的多模态融合传播数据库的基础上，探究姿态、表情、文本、语音等各模态的特征表达。传统媒体和新媒体在内容形式、传播速度、用户参与等方面存在显著差异。传统媒体通常以线性的传播方式进行信息传达，传播具有规律性和可控性。而新媒体更具有互动性和个性化，传播方式更加多样化和灵活。需要考虑传统媒体和新型主流媒体并存的现实特点，如媒体信息的跨屏传播效果测度、不同模态媒体信息传播效用的评测，以及不同感知通道下媒体信息传播效果的测量，应该建立"多模态、跨源多维、多通道、多层次、多指标"的综合性评估体系。借鉴光学中的色散模型构建多模态融合的媒体传播交互评价模型，能对媒体信息传播的本质变化及多模态信息之间的交互演化状态加以识别和量化。一方面，针对多模态复合媒体信息传播效能，精准预测出不同模态下信息交互演化的关键传播节点并预测其传播效能走势，为媒体传播效能评测及其管理提供实践支持；另一方面，在单模态、多模态及复合叠加模态下进行媒体信息传播模式的探究，厘清不同模态的媒体信息在某一媒介中所引起的用户交互行为和方式，将此数据作为多模态复合媒体信息传播效能分析的主要原料，通过交互信息对当前媒体信息交互演化模式进行捕捉，完成媒体内容信息及用户交互信息的效果反馈，从而反哺于媒体传播效能提升的设计之中[①]。

---

① 喻国明，胥伟岚.多模态融合：媒体传播的效能提升及其研究模式[J].传媒观察，2021（12）：14-20.

第二节 数智时代主流媒体传播力现实挑战

新一代数字化技术迅速发展和普及，移动数据业务流量爆炸式增长使得新服务、新业务不断涌现，传感器技术推动的物联网应用、网络技术孕育的社交网络整合、通信技术支撑的移动互联网链接等正深刻改变着传播领域的生态体系及运行法则，重塑着媒体的产业形态，再造着用户的心理和习惯，重构着新闻的生产与风格。数智时代下我国传媒业打破了原来单一的传统主流媒体"一家独大"的局面，进入了传统媒体和新媒体、大众媒体和个人媒体竞合发展的时代。数字化传播带来的传播时空、交互方式、反馈机制等方面的变革为新闻传媒业释放新发展动能的同时，给主流媒体的传播力带来了新的风险与挑战，进一步冲击了主流媒体的传媒主体地位。因此，我国需要正视数智时代主流媒体面临的现实挑战，洞察影响主流媒体各方面的关键性维度以及关联方式，找到以技术主导变革的社会信息系统分析逻辑及发展规律，重塑主流媒体强大的传播力、引导力、影响力以及公信力。

一、颠覆的媒介秩序弱化着主流媒体的传播控制力

秩序（Order）是人类社会有条理地、有组织地安排各构成部分以求达

到正常的运转或良好的外观的一种状态。美国法理学家博登海默对"秩序"一词做出阐述："在自然界与社会进程运转中存在着某种程度的一致性、连续性和确定性。"媒介秩序作为社会秩序的一种，包括媒介主体、媒介规则以及价值倾向等构成要素，体现了媒介传播过程的一致性、规则性以及可预测性[①]。数智时代呈现出"多维形态、多义内容、多个主体、多方渠道"的传播特点，基于以上特点以及传播技术转型形成了新的信息传播方式和媒介秩序与格局，呈现出显著的时代特征，即媒介功能的加速迭代。

移动互联网的大范围推广使得人们可以随时随地获取信息，智能手机的普及和网络的覆盖大大拓宽了信息的传播渠道，让用户可以根据自己的需求和兴趣选择信息来源，并以个性化的方式进行阅读和传播。这种个性化定制的趋势降低了主流媒体对用户接触和阅读信息的控制力，用户越来越多地依赖于自己的选择和判断。此外，人工智能技术的应用也对媒体传播产生了深远影响。智能算法能够根据用户的偏好和行为习惯推送相关内容，从而增加用户的参与度和黏性。这种个性化推荐的方式降低了主流媒体对用户获取信息的控制力，用户更多地依赖于推荐算法提供的信息，而不是被动地接受主流媒体传递的内容。新的技术手段使得信息的传播更加便捷、快速和广泛，这对传统主流媒体产生了颠覆性的影响，弱化了它们在信息传播中的控制力。

二、去中心的新媒体平台冲击着主流媒体的传播主体地位

去中心化（Decentralization）是相对于"中心化"而言的互联网发展过

[①] 博登海默.法理学：法律哲学与法律方法[M].邓正来，译.北京：中国政法大学出版社，1998：49.

程中形成的新型社会关系形态和内容生产过程。相对于早期由技术创新主导、仅供 PC 端静态可读的 Web1.0 时代，Web3.0 时代实现了不同终端的兼容，通过移动互联网、物联网等构建起了一个分布有众多节点的系统，每个节点高度自治且节点之间可以自由连接从而形成新的连接单元，同时通过相互影响形成非线性关系，任意节点都能成为阶段性中心。相较于中心化网络结构，去中心化网络结构呈现出更加开放、扁平与平等的特征。随着网络服务形态的多元化，普适性的网民服务渐增，Web3.0 时代的内容生产已实现从专业生产内容（PGC）向用户生产内容（UGC）与专业用户生产内容（PUGC）的多向转换，信息内容不再固定于由专业网站或特定人群所产生，简便、多元化的内容生产方式在降低准入门槛的同时也提高了网民参与积极性，每一个网民都是一个微小、独立且平等的信息提供商，共同进行内容原创生产或协同创作。

互联网带来的去中心化特点同时促进了新媒体的发展，其普及和发展为个人和非传统媒体平台提供了广阔的舞台。传统主流媒体通常由中央或地方政府、大型企业或机构拥有和掌控，他们对信息的选择和发布具有较高的控制力。而新媒体平台则使得个人和小型团体也能够拥有自己的渠道，从而实现了信息传播的分散化和去中心化。通过自己的个人博客、社交媒体账号以及在线直播等工具，个人和小型团体可以直接发布信息，吸引关注和传递观点，直接参与舆论引导和信息传递。这种去中心化的信息传播方式挑战了以往主流媒体的传播主体地位，使得任何人都有可能成为信息的发布者和传播者。相比传统媒体，新媒体平台不受版面和时间限制，信息发布更加灵活和便捷。此外，新媒体平台注重用户参与和互动，用户可以通过评论、转发、点赞等形式与内容创作者进行互动和交流，形成多元化的社交网络。这种互动机制增加了传播效果和影响力，进一步冲击了主流媒体的传播主体地位。另外，新媒体平台的用户规模和影响力也在不断扩大。用户通过关注自己感兴趣的领域或个人，获取和分享有关信息，形成更具个性化的传播网络。这种大规模的用户参与度进一步削弱了主流媒体在信息传播中的主导地位。媒介技术的加持使"三微一端"（微博、微信、微视、客户端）成为很多主流媒体的转型标配，这些新媒体平台也迅速成为思想意识的跑马场与社会舆论的集散地。由于新媒体的同步性、覆盖广等特征降低了传播的"进入成本"，因此呈现出传播"无中心"的自由松散的社会图景①。用户内容生产的非专业化以及松散的把关状态，弱化了主流媒体的传播控制力，削弱了主流媒体的议程设置能力，进一步冲击了主流媒体的传播主体地位。

三、联动的多传播形态抢占着主流媒体的舆论制高点

社会舆论（Public Opinion）是一种对社会普遍存在的社会心理现象的反映，即社会成员在进行信息沟通后，对普遍关注的社会事件或社会问题公开表达的一致意见，从中反映了公众的知识水平、道德水平、价值取向、基本需求和目标期望。社会舆论包括自上而下（政府部门通过大众传播媒介的大力宣传而形成）和自下而上（非官方、无组织的民间自发行为）两种形式，而在公共话语领域能够掌握舆论主导权的地位被称为舆论制高点。传统主流媒体长期以来在社会舆论方面占有绝对的优势，能够通过报道和评论引导舆论的方向。然而，随着互联网和社交媒体的兴起，舆论场变得更加开放和多元化，主流意识形态的传播内容在多次传播中被分化甚至异化，陷入复杂多变的信息洪流之中。

随着智媒时代的到来，大数据技术和云计算技术的发展和应用极大地

---

① 徐阳.新型主流媒体传播效果评价指标构建刍议［J］.中国记者，2023（3）：73-77.

丰富了信息市场，打破了传统媒体长期以来的信息垄断地位；5G 高速率、高容量、低延时、低能耗的技术优势解决了人与人、人与物、物与物的通信问题，满足各领域物联网应用需求，引领着各大未来场景的应用；视频语言逐渐取代文字语言成为社会交流的主要表达形式，人们在交往过程中更加注重情感、关系、具身交互等要素。传统媒体长期以来一直是舆论传播的制高点，垄断了公众的信息获取渠道和话语权。新兴技术迭代带来了多种信息形态传播，多传播形态的联动使得舆论制高点的争夺更加复杂。多样化的传播形态，使得信息的传播更加便捷、快速和广泛，人们不再完全依赖于传统媒体，而是可以通过互联网和社交媒体等平台获取和传播信息，通过社交媒体平台，用户可以与其他用户分享信息、交流观点、产生互动。社交媒体的分享、评论和点赞等功能使得信息的传播更加迅速和广泛，用户之间的互动也成为影响舆论形成的重要因素。传统媒体难以掌握社交媒体上的传播规律和影响力，这进一步削弱了它们在舆论传播中的主导地位。

第三节　数智发展中主流媒体传播力绩效新样态

一直以来，主流媒体传播力都是学界和业界关于媒体发展的关注重点，其研究问题除了关注主流媒体本身的传播能力，还聚焦于主流媒体传播效能显现以及媒体信息传播效能。在数智发展的宏观社会传播图景下，社会深度媒介化掀起了一场根本性的社会变革，以数字化、网络化、智能化为核心的新一代信息技术重构着社会传播关系，改变了社会整体传播结构，主流媒体传播力被自媒体、社交媒体等互联网衍生物所解构，传统媒体时代主流媒体传播力绩效样态评估体系存在的评估对象单一化、评估过程线性化和评估重点平面化等明显短板逐渐凸显[1]，开机率、收视率、收听率、发行量等媒体指标不再作为主流媒体传播力绩效的载体工具，在智能技术的影响之下，主流媒体传播力绩效样态在新闻选择、传播边界、媒介接触等三个方面呈现出新的时代选择。

一、算法控制与平台传播的新闻选择

互联网通过重新聚合社会资源和配置市场资源引发了整个社会的颠覆

---

[1] 胡正荣，李荃.智慧全媒体时代主流媒体传播效果的提升路径与评估体系[J].新闻与写作，2019（11）：5-11.

式革命，构建了基于"关系—算法"的全方位媒介体系，使得媒介体系能够在未来社会中形成新的社会连接，提升服务体系，并发掘出新型价值变现模式——互联网平台，为包含主流媒体在内的传统社会带来了升级的契机。[①] 主流媒体平台化传播是新闻产业新一轮的升级与转型，"算法受众"、"技术可供"、"个体全参与"和"在场式场景体验"的数字语境为主流媒体深度媒介融合创设了全新窗口。[②] 伴随人工智能技术、云技术、5G技术、大数据技术等前沿技术的应用，新型主流媒体借助前沿技术引入平台化策略，构建信息聚合和加工平台，极大地提升了生产效率。同时，建立基于大数据技术的信息分发平台，能够及时传播、分发、反馈各类信息，不断提升内容生产力和舆论引导力。

现阶段的新型主流媒体也不断尝试借鉴社交媒体的发展逻辑。央视新闻等各大主流媒体形成"两微一端一抖"的传播矩阵，为移动新闻的传播构建起社交化的互动场域。在社交媒体平台上，用户通过点赞、评论、分享等社交媒体使用行为促进新闻的传播，从而构建起移动新闻的用户参与式场景。随着人工智能和大数据技术的发展，越来越多的媒体和传媒机构开始利用算法来分析用户的行为和兴趣，根据用户的特点和需求选择并推送适合他们的新闻内容。基于用户社交媒体有意识或无意识的使用行为产生大量的用户数据，基于互联网海量信息储存而形成庞大的数据库，这些大数据为媒体平台提供了丰富的用户画像。用户能够根据自身兴趣通过浏览器在庞大的信息库中快速检索出自己所需要的新闻，而这一信息搜索行为在互联网上留下数据痕迹，基于大数据用户特征的智能计算，移动新闻能够精准化用户画像从而向用户推荐个性化的新闻。很多新闻 APP 都开始

[①] 喻国明，李彪. 互联网平台的特性、本质、价值与"越界"的社会治理 [J]. 全球传媒学刊，2021，8（4）：3-18.

[②] 张进财. 短视频新闻的"平台化"传播困境与创新路径 [J]. 传媒，2023（15）：49-51，53.

推送用户感兴趣的新闻，不断将场景和服务相捆绑，最终满足用户需求、增强用户黏性。

二、持续拓展与虚实模糊的传播边界

在传统媒体时代，各大主流媒体已经相当熟练地使用文字语言、图片、音频、视频等新闻载体进行传播。随着媒介融合时代的到来，主流媒体不断地在技术应用上尝试创新，以应对不断涌现的新传播问题以及传播需求。媒体融合经历了互联网化、移动互联网化的过程，目前正同时迎来虚拟化和智能化的浪潮。以元宇宙、大模型等为代表的新兴复杂技术系统，将对媒体融合带来革命性影响，虚实融合、生成式传播将成为未来媒体融合发展的新方向[①]。

VR、AR等人工智能技术带来的网络端沉浸式体验为用户提供虚拟现实、增强现实、超高清（3D）视频等更加身临其境的极致体验，使用户具有超越时空、融入情境的自由感，与受众建立了良性的互动关系，新的新闻叙事方式的出现使传统一维扁平的阅读环境转变为多维立体的虚拟场景。人工智能、VR、AR、MR等智能技术催生了大量现实场景、虚拟场景和现实增强场景，主流媒体以往的静态场景和固定身份被打破，数智发展使得媒体传播的边界变得越来越模糊。数字虚拟空间设计、数字虚拟人角色设计、沉浸交互叙事等多种信息元素和表达方式，以增强用户沉浸体验和提升传播内容的可共情能力为中心，通过寓教于乐的形式向用户传递信息。在技术推动下，媒介之间传播的边界不再是完全封闭的状态，而是呈现出交融和重叠的态势，传统媒体不再是唯一的信息传播渠道，现在出现的许

---

① 易龙. 在拓展媒体能力边界中蹚过融合"深水区"[J]. 新湘评论，2023（16）：27-28.

多新兴数字平台和社交媒体，成为信息传递的另一个重要渠道。传播边界持续拓展与虚实模糊，传统主流媒体与新兴数字平台相互交织，虚拟现实技术进一步扩大了传播边界。

三、场景感知与多点触达的媒介接触

场景提供给受众从未有过的体验感，虚拟场景与现实状态相结合，将虚拟的场景放到现实的环境中来，给用户一种"浸入"体验新闻信息的感觉，它能整合多维度的时空信息，把远距离的物体形象通过技术的手段呈现在用户的眼前[1]。在新兴媒体技术的支持下，传统媒体完成了对新闻内容的拓展，用户也可以获取更深层次的内容报道和更真实的新闻体验。场景的打造让新闻不再枯燥乏味，以往新闻的呈现方式局限于某单一形式，场景的使用使得音频、视频、音乐、互动融为一体，新闻由平面化变为立体化，用户从被动接受到主动探索，这个转变表明了场景化成为新闻信息传达的重要趋势。在场景的打造下，用户可以直接与新闻中的人物建立联系，了解人物处境，倾听人物故事，感受人物环境，信息的探索和获取呈现出很大的自主性。在这个过程中，用户在接收新闻的同时也对信息进行主动筛选与处理。

业界和学界在一系列探讨研究后普遍认为，在媒介融合、万物互联的背景下，媒体传播从"内容为王"转化为"渠道为王"，从"流量之争"变革为"场景之争"，注重提升用户参与感、在场沉浸感与个性化体验感成为移动新闻传播不断发展的方向，场景将成为移动网络时代信息传输和交互的新入口，这无疑为主流媒体传播力的提升带来了新可能。移动设备的普

---

[1] 邹亚茹.增强现实技术在我国传统纸媒行业应用研究[J].新媒体研究，2018，4（5）：39-40.

及和网络基础设施的发展使媒体传播更加灵活和便捷，传感器、定位系统等数字技术的革新带来了人机交互、精准画像、多元协同等新态势，实现了数据新闻的可视化表达，并且在环境新闻和赛事新闻的报道中有着得天独厚的优势。对传感器技术的运用，使得新闻传播进一步实现了可视化，从而为受众营造极强的参与感和互动感。

第三章
数智时代主流媒体传播力绩效评估范式重构

主流媒体是关注社会发展中的主流问题、影响社会中的主流阶层、引领社会主流意识形态的媒体。其传播力绩效研究的是国家意志通过主流媒体的传播在社会管理和发展中起到"塑造人民的社会视野""设置社会议题""进行社会舆论引导"等方面的价值与能力。主流媒体传播力绩效概念的提出从根本上改变了传播学媒介研究的范式，在数智时代重构传播领域的背景下，评估媒体传播力绩效的方法和范式也需要做出重大的创新与变革。主流媒体的传播力绩效正处于国家意志逻辑与媒介技术逻辑相互建构、共同作用的影响之下，一方面，国家意志的表达和贯彻在新时期对国家主流媒体提出了新的要求；另一方面，媒介技术逻辑激发了个体的活力与内容生产的创造力。基于多通道感知、多模态融合、多渠道接触界面的主流媒体传播力绩效研究，是建立一整套适应新传播格局的更为精准的评测指标体系的有效视角和方法。

基于信息传播新技术形成的社会传播体系是一个生态系统，它为国家意志的表达和传播带来了新的困难和机遇，"个人被激活"的传播新格局超越了传统媒体传播的惯常逻辑，以传统媒体传播渠道的"中断或失灵"为特征，国家主流意志的传播面临的一个重大问题就是，如何有效地将其传播"嵌入"作为"社会传播最后一公里"的人们的"社会关系渠道"中——此为最低目标[1]；研究互联网传播的新机制、新生态，进而把个人传播能力等引导和纳入主流传播媒体的"主旋律"之下——此为追求的高限目标。这其中的关键之点就在于媒体融合，用户多维度互动、参与以及多模态话语传播已成为常态的新媒介生态环境。通过受众、媒体、市场三维度，构建一种从点到面的、逻辑一致的、综合性的、立体网状的绩效评估体系，使主流媒体传播力绩效更具可测性，以期对国家意志的社会话语权、国家软实力建设有所助益。

---

[1] 喻国明.新型主流媒体：不做平台型媒体做什么？——关于媒介融合实践中一个顶级问题的探讨[J].编辑之友，2021（5）：5-11.

第一节 主流媒体传播力绩效测度架构与要素的新变化

一、主流媒体传播力绩效测度架构的演变

(一) 传统媒体下测度架构演变

早期媒体使用较为广泛的新闻传播效能评估方式有按量评价、按指评价，以及质量结合评价，这三种主流衡量方式分别对应媒介效能评估的三种主流视角，即行为视角、效果视角和能力视角。行为视角下效能被定义为"一套与组织或个体所工作的组织单位的目标相关的行为"。在此，行为作为效能最核心的体现，媒体效能评估往往以媒体信息发布的条数、字数、时长等数量作为衡量指标。效果视角下的效能特别强调以实践为主导的绩效。有学者指出"绩效是在特定时间内，特定工作职能或活动产出的记录，工作绩效的综合等同于关键和必要工作职能中绩效的总和"[1]。媒体效能评估在这一视角下主要以媒体信息发布的核心位置、重要时段、社会评价等质量作为衡量标准。能力视角下的效能倡导从能力角度衡

---

[1] 威廉姆斯.业绩管理 [M].赵正斌，胡蓉，译.大连：东北财经大学出版社，1999：35.

量媒体效能，有学者认为，能力的评判是"向前看"的绩效管理方式更为立体化的效能测度的解构，它将对应于媒体战略目标、受众满意度及投资过程与结构等的综合体，此时的媒体效能评估既能体现媒体信息的发表数量，同时又通过打分、定级等方式界定媒介信息的质量，并能将数量与质量综合计算得到最终结果。

然而，在以互联网和智能算法为代表的数字媒介深刻改造社会整体传播结构的背景下，上述三种方式都出现了阻隔，无法有效界定新型主流媒体传播的效能。行为视角将媒体生产的信息产品数量作为衡量媒体传播效能的重要指数，这仅仅体现了媒体信息生产过程中的基本技能，而媒体创造性作品生产隐含的潜在能力往往难以体现，特别是媒体融合时代下，集约化、社会化生产日益成为主流，媒体作品生产大多由外援支撑。效果视角重视衡量媒体传播的目标与结果，但独创性的媒体信息需要通过不断调整和修正才能明确传播目标，显然与以效果为导向传播相矛盾。能力视角则难以完全精准体现媒体传播效能。

（二）媒体融合下测度架构演变

随着媒体融合发展的不断演进，学者们又提出了传播者取向、受众取向以及社会影响取向的效果评估标准[1]。一个颇具代表性的传播者取向的案例，即中国人民大学新闻学院媒体融合实验室与人民日报媒体技术股份有限公司联合课题推出的媒体融合发展综合评价指标体系，其特点和优势在于，传播者能衡量传受意图的实现与否以及实现程度如何，并根据反馈情况及时调整策略。以传播者为中心的传播效果评估的弊端主要是信息的传递观屏蔽了传播的文化意义，传播渠道多元化与传播效果的关系存在悖论，

---

[1] 李喜根. 网络时代媒体影响力：媒体效果研究视角[J]. 全球传媒学刊，2020，7（4）：146-162.

媒介融合时代传播者与接受者之间的界限模糊。受众取向的评价就是从受众个体的认识、态度、行为变化的角度测度受众对传播信息的期待程度、参与程度和满意程度。例如，以BBC联合英国凯度集团和德国捷孚凯市场研究集团推出的BBC整体表现、电视表现、广播表现、数字媒体服务评估等四维度评估体系，就是将传统媒体的受众效果指标与新媒体的受众效果指标融合构建的评估指标体系。受众中心的评估标准和方法有利于将抽象的受众参与效果量化，比如收视（听）率、点击率、点赞数等，可操作性强。而这一评估取向的缺陷在于：一是传统主流媒体传播所涵盖的电视端、电脑端和手机端等，无法同时考虑不同终端的测量方式和数据模式的并存测量；二是收视（听）率、点击率等用户数据只能反映受众态度，不能反映出受众对信息的理解、认知和再创作；三是从数据源和质量上看，存在数据崇拜与数据作假的悖论。社会影响取向的评估是从主流媒体其他利益相关的反应与变化角度进行测度。比如，央视市场研究（CTR）对媒体传播效果的研究考量了媒体的传播力、引导力、影响力和公信力等"四力"标准。该评估标准的不足之处主要是，要判断主流媒体传播对社会的正向效应和负向效应，将其量化为具体指标十分困难。加之传播效能的长期、中期、短期之分，主流媒体传播的长效机制尚未较好体现。

（三）数智媒体下测度架构演变

大数据技术与网络技术的迭代，给主流媒体传播效能评估的量化测度提供可能。不少学者开始着重从非传统意义上的社会媒体平台的角度来考察主流媒体传播效能，将其划分为传播要素、社会网络以及网站分析等三大评测架构[1]。传播要素进一步细分为用户、内容、平台、互动等维度。

---

[1] 王秀丽，赵雯雯，袁天添. 社会化媒体效果测量与评估指标研究综述[J]. 国际新闻界，2017，39（4）：6-24.

比如用户维度分别从传播者和接受者进行考察，包括考察传播者的知名度、专业度、活跃度、可信度等；考察接受者的关注来源、相关性、人口统计属性、活跃度等。内容维度主要涉及数量、类型、质量等方面。平台维度的测量大致分为平台覆盖度、公信力、独特性、便利性、服务能力、目标转化能力等。互动维度的评估涵盖了主流媒体中用户间的交互、态度、线上线下行为等，包括话题传播、线下行为、情感态度等。从社会网络视角出发进行的主流媒体传播效能测量研究，主要依靠计算机技术对用户在社会网络中的位置与关系进行度量，由此评估社会网络中用户的数量、构成及其关系，具体可以细分为规模、链接、分布、区隔等方面。网站分析视角是从计算机网络科学出发对主流媒体传播效能进行测量，通过收集网站访客行为数据对其进行网站分析，能从微观层面形成可操作的测量体系，具体可细分为流量指标和网站链接指标两大类。

通过对主流媒体传播效能及其测量的已有做法进行归纳，并在对于互联网传播新格局把握的基础上进行评估范式的革新。既有的评估体系，是建立在媒体本位的基础之上的，细化到媒体的传播、经营、制播、发展等环节，是在单向度的"传—受"机制框架下进行的分析。随着传播市场的结构性变化，主流媒体传播效能评估中需要考虑到"反馈"这个信息循环的向度，将受众、媒体、市场三个维度同时纳入传播效能评估的范式之中，促成一个评估新范式的转变。

二、主流媒体传播力绩效测度要素的转变

安德烈亚斯·赫普（Andreas Hepp）以"深度媒介化"（deep mediatization）来概括媒介化在数字时代的新特征，认为"互联网等数字媒介引发的传播革命正在史无前例地改变社会的基本形态，新传播所建构的新型关系已经在

很大程度上重构了以往各种社会关系"①。换言之，数字媒介在开启嵌入社会并重组社会的过程中，媒体传播不单是社会结构的组成部分，还是构成整个社会形态的基本要素，传播网络取代了传统社会结构，成为新的社会核心。在深度媒介化时代，主流媒体传播效果的发生机制正经历传播市场与格局的结构性变革，基于线性传递观和大众传播效果论的评价需在认知和方法上进行更新。

多媒态媒体信息融合通过文本、图像及图文结合的方式采集媒体信息。绩效研究作为主流传播学建制化的核心理论，其研究路径一直饱受争议。起初，5W 模式作为经典效果论的典范，这一机遇信息论对媒体传受关系的概念化过程简化和割裂了复杂的传播过程，是以"反馈—控制"为取向的功能主义传播观。后来，学界提出了融合的媒介影响论，其中媒介并非一种物理性的渠道，因此传播效果研究应包括媒介自身的内容、技术、情境，及其产生的效果属性、影响因素等所有层面②。随着线上传播行为的急剧增加、海量线上数据的生成和计算方法的普及，5W 模式及其传播效果的价值与贡献得到肯定。以前常被忽略或无从考量的反馈，在计算传播时代已被纳入理论框架中，重新厘清了新型主流媒体传播效果的内涵。在新的传播生态下，受众接触点（点）、媒体信息流（线）、整体形象接触界面（面）等新要素是把握传播效能机制的重要维度。其中，受众接触点的"点"效果冲击着传统效果研究中同质化的、面貌模糊的集体受众的预设，是一种由点状分布的个体构成的媒体权力结构的传播效能的来源。这不仅可以强调个体关系链接、个体感知体验，更能将其追踪渗透到传播过程中加以测量，从而取代传统传播效果论对确定的传播效能方向和性质的设定。

---

① 喻国明，耿晓梦．"深度媒介化"：媒介业的生态格局、价值重心与核心资源［J］．新闻与传播研究，2021，28（12）：76-91，127-128.

② KATZ E. Lazarsfeld's map of media effects［J］. International journal of public opinion research，2001，13（3）：270-279.

媒体信息流的"线"是新型主流媒体在日益结构化的跨媒体平台场域中需要处理的中心化信息内容流量和公共性普惠服务信息。整体形象接触界面的"面"是以界面再造重塑媒体对各种复杂社会关系的吸纳和链接能力，而非一种短期的、简单的观点、态度和行为的流量风潮。

（一）单通道向多通道的媒介多效感知数据转变

"注意"从来都是一种宝贵的资源。原始部落酋长通过"讲故事"的方式聚拢部族成员的注意，并由此确立自己的"权威"；报纸、杂志、广播、电视、图书等传统媒体通过提供专业信息服务来聚拢公众的"注意"，进而在社会生活中对政治、经济、文化等多方面产生影响力。到了信息社会，随着信息量的激增与信息接收终端的无处不在，渠道和信息产品的无限与注意力资源的有限之间的矛盾激增，"注意"这种资源的稀缺性更加凸显，如何吸引"注意"便成为主流媒体发展需要关注的重点。影响"注意"的感觉通道信息主要包括视觉、听觉、嗅觉、触觉等。

随着5G、4K、VR、AR、大数据、区块链、云计算、物联网、人工智能等技术的不断发展，主流媒体移动传播进入了加速发展的新阶段，引发了智能视听领域前所未有的大变革，视听生产与视听体验都发生了质的变化。为了满足人们日益增长的对优质精神媒介产品的需要，报、网、端、微、屏等全媒体，如何在不同信息场景中为媒介用户提供不同层次、不同深度的跨通道感知信息内容，从而提升主流媒体传播效能变得十分重要。

在实践中，不同通道感知信息会给受众带来不同的体验。在视觉通道上，新冠疫情期间，中央广播电视总台"央视频"平台24小时不间断5G"围播"武汉火神山医院、雷神山医院建设，引千万人次围观，感受10天交付一座应急医院的中国速度；对口罩、消毒液等战"疫"物资生产线的5G慢直播，受众可以24小时全天候、无时差地观看事件的发展情况，引起网友心理极大的满足,即受众通过这种直播方式所产生的媒介用户体验要优于传统媒介形式的新闻播报。对听觉通道的用户体验进行研究发现,音频新闻的播报速度会影响受众的媒介用户体验,快速播报的新闻被认为更有吸引力,而慢速播报的新闻则被认为更容易理解;年轻的受试者认为快速新闻更积极、更有趣,而年长的受试者则认为慢速新闻更积极、更有趣。

多通道感知是不可割裂的整体,如何在媒介中运用多通道感知组合信息提升用户体验是当前传播效能提升实践中亟须解决的问题。在理论上,为解决多通道感知信息对受众用户体验的影响,我们需要构建多通道感知信息的用户体验评价体系,为获得更多样化、个性化,具有参与性、互动性的媒介用户体验产品提供理论基础。在研究方法上,目前多采用定性研究或是在严格控制实验条件的实验室环境下完成研究,所得研究结果的内部一致性较好,但是存在外推性差(生态学效度)的痛点[①]。"在媒介中合理应用多通道感知信息以提升用户体验"这一关键问题的解决,必将为用户提供崭新的信息传达方式,同时也将进一步提升主流媒体的传播效能。

(二)单模态向多模态的媒介多维融合数据转变

随着智能移动设备的普及与数字媒体内容的发展,人们实现信息交互的手段越来越多样化,从简单的文字信息传递发展到基于图片、语音、视频等多媒体技术手段的频繁使用。早先,人们将报纸、杂志等纸质出版物作为文字的传播载体,使用广播媒介传递音频信息。随后,在电视媒介的普及下,视频、图片等可视化的媒体信息得以大规模迅速传播。进入 21 世纪以来,互联网的迅猛发展和 5G 技术的加持,使得人们开始通过网络电

---

① 喻国明,付佳.多通道感知下的用户体验:研究逻辑与评价体系[J].新闻与写作,2020(8):68-74.

视、电脑、手机等各种电子终端将各式各样的媒体信息进行融合交互传播。这一过程不是对媒体中的文本、图片、语音、视频等信息进行简单的链接，而是将其在媒介中全方位融合，即多模态信息融合（简称"多模态融合"）。[①]多模态信息是指描述同一目标的不同或相同侧面的有关信息，这种信息方式有数字、文本、图片、音视频等，不同模态的信息存在一定的内在关联。相较于单模态，多模态之间的互补性、关联性提供了求解每种模态潜在解释因素的监督信息，对这些多模态信息进行表征、转换、融合等处理，更接近人类智能对媒体生态环境的自然感知与理解模式。有效的多模态特征融合是构建强大的多模态评价系统的重要步骤。多模态融合旨在通过整合来自不同模态的共享和互补信息，实现比单模态更精准的预测。[②]如今，媒体信息内容已成为典型的多模态载体，包括新闻报道语音、新闻人物、媒体信息文本等多模态信息。对于新闻编码来说，单一模态新闻的单一人物处理已无法满足综合编目的需要，无论是以电视台为代表的传统广电单位，还是以今日头条为代表的新型自媒体新闻社区，均建立了多模态融合的全媒体新闻智能编目系统，通过多模态媒体内容统一表征与融合理解的核心算法自动生成新闻内容描述、场景分类标签、播报语音识别、字幕条识别等关键编目信息，进行全流程智能综合编码，以此在保证编目信息准确的前提下降低人工成本。[③]

在全媒体充斥着人们生活方方面面的时代，媒体呈现内容的方式愈加丰富。在现实媒体传播中，图片可以承载较多的含义，人们通过获取、存储、传输图片等过程进行图片信息的传递，接受者获得的图片信息不总是

---

① 颜成钢，孙古棋，钟昊，等.全媒体内容质量评价研究综述［J］.信号处理，2022，38（6）：1111-1143.
② 张国标，李洁，胡潇戈.基于多模态特征融合的社交媒体虚假新闻检测［J］.情报科学，2021，39（10）：126-132.
③ 张随雨，俞定国，马小雨，等.基于多模态融合的全媒体新闻智能编目系统设计［J］.广播与电视技术，2022，49（2）：62-65.

有效或及时的，过程中可能出现模糊、噪声、数据丢失等干扰，从而引起图片降质或失真，也会影响图片信息量的获取以及人们对图片的直观感受。随着媒体设备使用频率增加，视频被传输和分享的次数越来越多，视频信息也成为人们关注的焦点。但是视频在被压缩或被传输时容易发生丢包、失真或是受到高斯噪声的损伤等，使得人们无法有效地接收到信息，甚至对信息产生认知的偏差、迷惑或反感。目前，针对这些媒体信息流的评价仍固化在"流量思维"阶段，若能从多模态的媒体内容数据中挖掘用户的信息认知、意念观点、情绪倾向，将此数据作为多模态媒体信息传播效能分析的主要原料，通过交互信息对当前的媒体信息交互演化模式进行捕捉，完成媒体内容信息及用户交互信息的效果反馈，从而反哺于媒体传播效能提升的设计之中。

（三）单平台向跨平台的媒介多源异构数据转变

施拉姆认为，"媒介就是插入传播过程中，用以扩大并延伸信息传送的工具"，即传播媒介是传播者向接受者传递信息的物质载体。简言之，这些可供受众接触媒介信息内容的接触面就是媒介的使用者界面。可理解为呈现信息的物质载体的硬件和支撑信息系统运行的软件。传统大众传播媒介用户界面经历了几百年的进化，用以衡量界面友好度的指标也随之有了不同程度的提高，但真正的变革始于全新的用户互动界面的出现。

互动界面是传播主体与媒体、市场和受众之间的互动或关系，是任何目标受众可能接触并对于传播主体的形象建构产生影响的实体物或虚拟物。传统主流媒体向新型数字媒体转型意味着一种新的媒介界面将成为传播的载体，将传播效能的争取具体化为界面机制的再造。传统媒体转型初期内容为王还是渠道为王的二分法既是一种人为剥离，也反映出在深度媒介化生态变迁下，主流媒体是能在核心—边缘的媒介文化循环生产中持续起主导作用的专业化、高质量的媒体；[①] 同时也能不断吸纳边缘声音并始终保持自己的正当性和合法性，其传播效能是一种文化势能及其再生产的能力体现。

在社会剧烈转型时期，众声喧哗的社会事实需要被编织到社会语境的共识里，通过柔性界面的打造、话语空间弹性的释放和讨论氛围的公平和公开，再现一种争论和辩护的正当性，而非局限于被表达、被定义、被挑选。这种吸纳已不再是传统主流媒体时代"读者来信"专栏和"听众来电"环节所能容纳的，这种空前数量级的不同声音、诉求无法通过使用简单数据勾勒的认知、态度和行为的变化来评判，需重视媒介空间的活跃度对现实社会情境的"安全网"和"减压阀"效应[②]。传统主流媒体变身新型主流媒体，还需要保持对社会既定结构要素和关系的吸纳、联通，这便要求在评估界面传播效能时可重点把握跨媒介、跨屏等多源异构媒介数据的流量、流速、流率，将激活媒介界面对社会关系的转动力、调动力、渗透力、激活力等再生产能力，一并纳入传播效能考量当中，助力开展党政服务、公共服务和商务服务。

互联网平台全方位重构传媒生态，传统主流媒体面对新的游戏规则，也尝试以自建传播渠道、开发新闻APP等方式聚拢流量，甚至近年来越来越多的党媒、政府机构入驻微博、微信等社交平台，试图从供给侧改变社交媒介的舆论生态，但传统主流媒体仍然摆脱不了对自身沦为内容供应商和效果分销商的焦虑。因此，有必要针对多源媒介使用，通过对效果进行研究，廓清供给侧的媒体信息格局与整体媒体传播生态的关系。另外，互联网平台凭借其掌握的流量密码、无所不包的业务触角成为深度媒介化时代的基础设施，使其超越了经济属性的议价权，也为其加载了履行社会公

---

① 姬德强，陈蕊.节点、界面与平台：深度媒介化时代的传播效果三要素[J].青年记者，2022（13）：20-24.
② 陈卫星.新媒体的媒介学问题[J].南京社会科学，2016（2）：114-122.

共责任的义务。它们与现实社会呈现出深度融合与互动构建的关系，且与媒体也不单是内容供求关系。主流媒体应重置自身与互联网平台的互动机制，深入思考如何以规制为名、治理为实的总体性社会转型，充分释放节点效应和信息流效用的能量，吸纳媒介界面的声音，守住核心价值导向，利用数据资源和算法算力优势，诊断数据化、商品化的"社会认同"，校准整体媒介生态的破坏性变异。

第二节 主流媒体传播力绩效多元分析的新转向

一、个性化传播体验转向

受益于数智技术的"连接"价值，以差异性个体作为基本社会单位的微粒化社会结构出现，点对点的个体化传播模式与传统点对面的大众传播模式交织、渗透在主流媒体传播实践中[①]。过去直接媒体传播力绩效研究被证实，所得的传播力绩效要么非常微小，要么效应方向不一致。对此，学者们指出，既有主流媒体传播力绩效研究对受众的考量是粗粒度的，简约地将受众视为平均化的大众，无法挖掘个体之间的差异效用。且既有范式常将受众当作被动的媒体信息接收者，弱化甚至忽略媒体传播力绩效产生过程中受众的能动性。

基于受众差异性的个性化媒体传播力绩效的新范式在国内外异军突起，研究表明：受众从外界刺激中抽取出的实际认知才是该范式的有效条件，更重视同一媒介在不同用户中造成何种"异"的效果。换言之，个体在特定情境下处理特定媒介信息时所能展开的实际认知空间，影响媒介信息处理的彻底性，且具有极高的用户相对性，常因人而异。这也意味着个体总

---

① 喻国明，刘彧晗.认知带宽：个性化传播时代用户洞察的新范畴[J].社会科学辑刊，2023（3）：213-219.

是更容易受到某类特定信息的影响，即信息易感性。由于易感性的影响，个体会形成不同的认知焦点——最能对个体产生影响的信息。认知焦点不仅存在于个体体验的知觉层面，还可能存在于视觉层面、脑区活动层面等。以认知焦点为原点，从横、纵方向建立传播力绩效体验的"广度—深度"二维坐标，便能归纳出围绕认知焦点展开的高密型（高广度—高深度）体验模式、浅阔型（高广度—低深度）体验模式、狭长型（低广度—高深度）体验模式、低窄型（低广度—低深度）体验模式。高密型体验模式意味着个体的注意和记忆范围宽广，能进行深度信息加工，能带来最佳认知体验效果；浅阔型体验模式表明在认知范围有优势而认知深度存在不足时，侧重以快速浏览为目的的认知体验效果；狭长型体验模式仅在认知深度上有优势，注重以详细理解为目的的认知体验效果；低窄型体验模式囿于认知范围和信息加工深度均较低，所以认知体验效果最差。从认知体验效果的表现类型可得到启示，理解媒体传播力绩效时，不能仅从认知体验的广度、深度的单一维度切入，而需考虑用户获取主流媒体信息的目的与认知体验模式的适配。

二、数智化技术动力转向

主流媒体传播力绩效分析的底层逻辑是技术与生产融合。支撑技术融合发展的大数据技术与人工智能技术使得传播的精准性大为提升。数智时代主流媒体传播力的核心指征为智能、智慧和智力的价值渗透。智能是主流媒体在传播过程中所依托的技术基底。当下，主流媒体信息传播多以数据、算法与平台技术联合驱动，数据是时代的基础资源，无处不在的数据资源作为生产资料、处理手段、呈现方式等促成了主流媒体传播的重大改变。算法利用机器指令探求最优解的方式应用于媒体信息生产与服务供给的多重环节。平台作为一种可编程的体系结构，操控软硬件来控制信息生产，并能为多元主体价值交换提供空间支持。智慧是主流媒体在传播过程中所承袭的价值理性。主流媒体传播力绩效映射出价值媒体在人本主义立场上的坚守，也对技术携带风险做出警惕和应对。在数智技术加持下，人的所思、所想等感受被信息数量的增加和热点信息堆砌取代。主流媒体信息在传播过程中面临着信息可见性、意识形态塑造、情感动员下的算法冲击等问题，而其智慧定位在于主流媒体将正向、积极和恰当的价值追求延续和迁移至虚实、内外传播场景，从而唤醒工具理性外更高维度的价值理性。智力是指主流媒体在传播过程中所供给的知识服务。基于各类智库母体的构建，实现其与传播媒体的双向供能，能为舆情监测、谣言治理、政策释义等事务或其他信息传播活动提供专业指导、数据支持等关联服务。正因数智社会一切事物和行为均可进行数据标注，主流媒体借助庞大的智库数据资源进行计算分析，可为信息传播交互法则、传播过程和风险感知给予动态监测，帮助相关责任主体做出合理的判定和决策[①]。

三、生态化传播联结转向

生态化是用以描述数智时代主流媒体传播力绩效的理念与评估实施的有机改造过程。信息传播系统内部各要素间的互动机制，通过其所属生态位中的竞争进化、差异发展，促成彼此相互关涉与制约的新型主流传播生态。

主流媒体以开放对接的方式打造数智传播的操作理念与生态。在媒体信息交互层面，主流媒体传播力绩效愈加依赖网络化思维，数智时代下的

---

① 王博，曹漪那，蒋晓丽.数智时代新型主流媒体的国际传播融合实践进路［J］.新闻界，2023（7）：55-63.

竞合式传播活动取代了由主流媒体主导的单一传播形式，落位于媒体传播网的数字个体因连接互动彰显出其价值的重要度。主流媒体过往的交互主题、交流方式忽略了数字个体的参与。而今这种统一代表性边缘打开了缺口，在多渠道接触界面和智能设备的辅助下，主流媒体代言人性质的间接互动拓展为数字个体直接交互。在媒体产品层面，"人工智能+媒体"以迅捷多变的形式改变了专业人员采写发布新闻产品的传统格局。主流媒体的身份扩展为一种跨虚实、线上线下联通的新型人机关系枢纽。

在主流媒体传播力绩效评估实施过程中，一改过往展现出的机械工业时代大机器生产的形象，积极吸纳商业媒体和自媒体的优势力量，以相互促进的方式共同构筑虚实传播"生态圈"。互联网公司拥有高灵活度的媒体创新力资源，与主流媒体在内容、技术及运营等方面开展多维合作，能提升主流媒体传播效率。主流媒体吸纳以独特的生活方法、文化背景、社会风貌展示个人魅力的自媒体，能打造出反映国情、社情、民情的优质信息产品，进而推动其传播力高速发展。因而数智时代，数字个体与智能化的万物联结起来，形成了不同以往的传播新生态。数字个人作为传播主体，利用内容生产建构新传播关系，形成了新的信息传播权利分配。联结不只是连接，更是在形构一种以算法为传播机制、以虚实混搭的数字生态为传播业态、以情理共振势能差异为传播方式的传播新生态[1]。

---

① 李继东，项雨杉.数字文明时代信息传播的联结范式：生态与理论［J］.中南民族大学学报（人文社会科学版），2023，43（4）：138-145，186-187.

第三节 主流媒体传播力绩效评估范式的新升维

一直以来,主导主流媒体传播力绩效评估体系的科学主义研究范式,始终没有放弃以量化统计为核心追求极致的传播力效果测度,尤其是对"四力"操作化和定量化的研究。新型主流媒体的开放性与互动性特征使其传播力绩效测量更加复杂、更具争议,传统媒体的传播力绩效测量很难直接被套用在新型主流媒体上。这就意味着"开放平台"建设目标下的新型主流媒体的建构逻辑应充分汲取大众媒体时代的传播力绩效评估经验和既有的成熟评测方法,在"扬弃"的价值判断基础上,完善主流媒体传播力绩效评估指标维度在网络化时代的构建。

一、拓展瞬时效果测量的认知神经传播范式

传播学与认知神经科学融合而来的认知神经传播范式,在瞬时效果层面提供了生理与心理视角的"测量工具箱",在人际连接、多通道感知的大众传播等领域丰富了传播学的理论研究成果和实践应用样例,拓展了传播力绩效研究在时空维度的深度与精度。"瞬时—中短期—长期"效果的研究架构转向,更加适应对传播力绩效进行多层面多阶段的统合分析。

传统传播学方法主要集中于中观与宏观层面的传播力绩效测量，中观层面考察传播信息本身产生的效果，对受众的认知、态度与行为的影响测度；宏观层面考察信息传播过程中影响传播力绩效产生的调节变量与中介变量测度[①]。鲜有研究从微观视角挖掘受众加工处理信息的内在机制。面对动态复杂的社会网络，无论适配方法的效标有多客观，都仍然离不开经大脑加工处理后的判断，认知神经科学与传播学的结合，在一定程度上带来了新契机。本质上说，传播力绩效评估主要采用事后感知调查、意愿态度询问等，多以自我报告的方式反馈效果。但存在的缺陷一是无法获得受众媒介接触与使用中的即时状态和瞬时心理加工信息；二是经测量量表获得的研究对象信息属于主动控制加工，而非自动加工过程，背离了常态下受众媒介心理知觉与反馈。在信息传播迅疾化、传播场景碎片化的当下，受众瞬时信息加工机制、信息传播瞬时效应与反馈状态，以及伴随媒介技术与传播内容而出现的"流动"的生理心理特征规律等，都将是研究媒体传播力效果首要关注的问题。

借助脑电、眼动及多导等仪器设备，能够直接检测人的脑电活动、视线轨迹和皮肤电、心电的活动信号，以此研究传播媒介作用于人而产生的瞬时效果。比如，在具身体验的沉浸式场景中测量人脑对主流媒体传播信息认知的瞬时效果，探究公众对传播媒介与信息内容的即时反应属于有意识的外显行为还是潜意识的内隐行为表达。脑机制和自主神经活动能更精准地描述传播的潜意识心理，也能更客观地测量传播力绩效，并形成相互比对、参照的实验数据积累，从而开拓出认知神经传播研究的新范式。

针对传播力绩效测度研究，基于认知神经科学技术手段，可开展视觉、听觉及多感知通道等三方面的研究。一是关于视觉加工机制的认知神经传播学研究。视觉知觉（visual awareness）意识作为大脑内部神经活动的产

---

① 喻国明，欧亚，李彪. 瞬间效果：传播效果研究的新课题——基于认知神经科学的范式创新［J］. 现代传播（中国传媒大学学报），2011（3）：28-35.

物，一直是哲学、心理学以及传播学等领域不断探讨的问题，也是实验研究积累最多的一个分支，指视觉的主观体验[①]。二是关于听觉加工机制的认知神经传播学研究。声音是人类传播最早的媒介，声音符号汇总了自然界和人类生活的内容，形成复杂的符号系统与组合规则，还包括丰富的听觉性非语言符号。三是关于多通道感知的认知神经传播学研究。多通道感知是智能视听领域前所未有的变革，如何在媒介中运用多通道组合信息提升用户体验质量，构建多通道感知信息的用户体验的评价体系，也是当前传播实践中亟须解决的问题。

二、洞察虚实效果测量的计算传播范式

数智时代信息化、物联网、智联网的发展，致使传播主体泛化从而带来信息冗余与治理能力不协调、众多边缘数据与机器处理能力不匹配等"不对称"等问题，这些问题难以依赖传统范式解决。动态变化的主流媒体传播数据网络实质上是将人、物及机器融合一体，能建立多维世界联动与整合的智能系统，意味着信息传播场景已突破了人们所处的物理空间，扩展到媒介信息营造的心理行为的氛围。

数智时代主流媒体信息传播的情感转向、网络信息交互规律及网络空间治理模式的更新是传播力绩效评估范式转型重点观照的问题。在把关人式微、多中心化的媒介生态下，能否构建以数据仿真建模的宏观媒介环境与微观治理主体协同化、多层级、立体化的网络空间治理系统，根据网络信息交互的不同场景建立针对性的把关机制，打破各传播要素间的信息壁垒，也是探索传播力绩效评估范式转型以期适应网络信息生态治理的新

---

① 李奇，耿海燕.视觉意识的认知神经科学研究进展[J].自然科学进展，2018（11）：1211-1219.

需求。

网络化的传播生态展现出前所未有的复杂性和多样性，传播力绩效评估所探究的传播生态交互关系，已经显现出显著的数字式倾向[1]。传播交互关系研究主要是结合问卷调查法和行为实验法，运用问卷测量或者实验控制来收集受众主观填写的数据，以此来推测人的交互动机或者交互方向。问卷调查法在不给受试者施加任何刺激的情况下，就传播力情况要求受试者回答，以此来比较分析群体的态度、价值观以及心理倾向等差异。从研究工具来说，以大数据、高算力为基础的计算传播学探索传播学可计算化的基因；以复杂网络仿真建模、传播网络分析、传播文本挖掘为主要分析技术，大规模地收集并分析传播交互数据，挖掘传播交互背后的模式和法则，分析其传播动力机制与基本原理[2]。从研究情境来说，大数据智能算法在观测"时间粒度"上可以实现全天候、精细化的主流媒体用户交互网络行为追踪，在洞察传播交互现象、分析传播交互机制的基础上，有助于克服线上线下空间的异质性，对数智时代受众交互相关趋势进行预估和研判，提出具有解释力的新概念和新模型；通过仿真、分形和建模，对主流媒体中现实社会事件的传播力绩效进行廓形和认知，对未来趋势进行预测和判断。

三、聚焦全局效果测量的复杂系统范式

在经典大众传播线性模式论中，效果的好坏直接决定了大众传播活动

---

[1] 巢乃鹏，吴兴桐，黄文森，等.计算传播学研究现状与前沿议题[J].全球传媒学刊，2022，9（1）：19-40.
[2] 张伦.计算传播学范式对传播效果研究的机遇与挑战[J].新闻与写作，2020（5）：19-25.

的成败。实质上，有关传播力绩效的挖掘、评估及其应用成为西方经典学派传播研究的生根立足之本：以媒介为中心，采用实证量化方法，为西方资本主义商业利益和政治的媒介化运作服务[1]。随着20世纪80年代大众传播学"西学东渐"的发展，科学主义范式对中国传播学的构建产生了深远影响。"效果评估至上"撬动了整个中国传媒学界和业界的改革。但从认识论、方法论与价值论来看，传统量化的传播效果评估对于新媒体深度融合下的主流媒体传播力绩效评估有着相当的局限性。

从认识论剖析，传统的效果评估认为传播量的统计聚焦于收视率、收听率等表层数据指标。而在网络新媒体融合时代则反映为某一主流媒体账号、短视频、微博等的"阅读、播放、转发、评论、点赞"等数据。这一系列数据得来的结论可能使传播效果评估泛于表层。在电视媒介时代，观众的认可度和满意度虽然有量化的统计模型呈现，但也缺乏个性化、互动反馈。而在网络新媒体时代，对传播效果的评估仍然有所停滞。例如，中国广视索福瑞媒体研究（CSM）针对31家省级电视台的500余档电视栏目、近50个电视台自由新闻客户端，基于电视直播、电视时移、短视频、微信及微博等数据的加权求和进行综合评价。这一传播力效果评估也只是简单的绝对数量产出的统计，并不等同于主流媒体的内容生产从质的产出上深入人心。

从方法层面看，大众媒介传播效用评估依托社会统计方法，在容许一定误差的前提下抽样调查，并利用日记卡或相关仪器测量得到"小数据"，进而对视听率展开统计分析。而当今网络新媒体融合时代，对于"阅读、播放、转发、评论、点赞"等数据的获取，更多地依靠大数据抓取和数据分析软件，还需要运用统计分析方法对数据进行测量、检验。但可能存在数据造假，或者过分依赖数据理性主义和工具主义的方法论判定危机。在

---

[1] 李金铨.传播研究的典范与认同[J].书城，2014（2）：51-63.

大众媒体时代，媒体传播产品是以报刊文章、电视新闻、文娱节目等单一形态的内容呈现的，体现出受众的接纳和喜好程度测量较为便利。但在媒介深度融合时代下，既要考虑对线性内容和服务效果进行评价，更要对被深度开发后的媒体产品和服务的绩效进行评价。

对主流媒体传播"四力"的多维评估考察，要贯穿于媒体深度融合的全流程和全方位。传播力绩效评估研究的主要问题域，并非对主流媒体的新媒体风貌、呈现事件内容等的静态描摹或概念呈现，而是从关系、个体、结构、技术等多维视角诠释各传播要素、传播过程及传播效果构成的开放复杂系统。这是一个牵一发而动全身的整体构造，不能简单和机械地还原为每个个体和局部功能与价值的简要叠加。分析主流媒体传播力绩效评测系统要超越还原论，通过短期系统的持续观测达到长期分析效果，借助众多局部系统的整合实现对全局系统的预估，以此达成整体逼近，并以现实视角审视虚拟空间，需关联重要条件的变化和主流媒体网络空间信息交互实践的"常与变"和"同与异"[①]。

传播学与复杂系统理论融合建构的复杂系统创新范式将引领传播力绩效研究更接近社会信息虚实传播的交互细节，以传播发生机制为窗口，揭开人与社会的多元性、复杂性和矛盾性，以此来认识、把握和预测信息传播规律。

---

① 曲飞帆，杜骏飞. 复杂系统论：中国网络舆论研究的范式转向[J]. 南京社会科学，2017（11）：107-114.

第四章
数智时代主流媒体传播力绩效多维智能评估体系设计

第四章　数智时代主流媒体传播力绩效多维智能评估体系设计 / 089

吸纳国内外理论及历史经验，考量现实媒体的复杂传播环境，立足智能媒体平台化时代的传媒生态环境，主流媒体传播力绩效评估的测量体系需要从单一模式向复合传播评估模式转型，建立新媒体深度融合的"质量并举、多元审视、全程考核"的评估体系[①]。一方面，需进一步对主流媒体的多元传播数据进行追踪统计，重点突出主流媒体传播核心价值观的引领意识；同时也需要清晰地了解受众对主流媒体的认知、情感和价值的评价法则，进而打通舆情信息反馈的相关通道，使主流媒体真正成为党和人民的喉舌。另一方面，对网络新媒体下主流媒体传播力绩效的捕捉，应重点审视传播产品的呈现效果以及呈现过程关系的多元评价。也就是说，就评价主体而言，需形成多主体的传播评价矩阵，包括对各主体评估权重值的分配；就评价标尺而言，除了有基本的评价框架，还要给不可量化的媒体效果评估成果转换实践留有适度空间；就评价对象而言，需要考虑传统媒体和新型主流媒体并存的现实特点，如媒体信息的跨屏传播效果测度、不同模态媒体信息传播效用的评测，以及不同感知通道下媒体信息传播效果的测量，应该建立"多模态、跨源多维、多通道、多层次、多指标"的综合性评估体系。最后，将数智时代深度融合的主流媒体从传播内容生产、流通到消费等全过程纳入传播力绩效评估体系之中。

---

① 姬德强，朱泓宇. 传播、服务与治理：媒体深度融合的三元评价体系［J］. 新闻与写作，2021（1）：25-31.

第一节　主流媒体传播力绩效评估的测量框架设计

一、多通道感知的用户体验效果测度框架

用户在使用媒体产品或服务的过程中所获得的体验，与媒介用户体验的对象、媒介用户体验的具体内涵、媒介用户体验的影响因素等三个方面有关。具体指标细分如图 4-1 所示。

第一，从媒介用户体验的对象来看，可以将现有的研究划分为三个种类，即用户对媒介内容的体验（包括视觉内容、听觉内容、嗅觉内容、触觉内容）、用户对媒介平台的体验（包括具有交互性的媒体平台，例如社交媒体平台）、用户对媒介技术的体验（包括 VR、AR 等）。

第二，从媒介用户体验的具体内涵来看，媒介用户体验包括用户在心理（情感）方面的体验以及用户在生理方面的体验。心理（情感）方面的体验涉及媒介用户的注意力、情感、态度、记忆等方面；生理方面的体验涉及媒介用户的生理唤醒、肌电活动、神经活动等方面。

第三，从媒介用户体验的影响因素来看，主要包括体验对象（媒介内容、媒介平台、媒介技术）的特征。其中，媒介内容特征包括视觉内容、听觉内容、触觉内容和嗅觉内容的特征；媒介平台的特征包括媒介平台的有用性、可用性、易用性、交互性等；媒介技术的特征包括媒介技术的交

互性、生动性、易用性等。

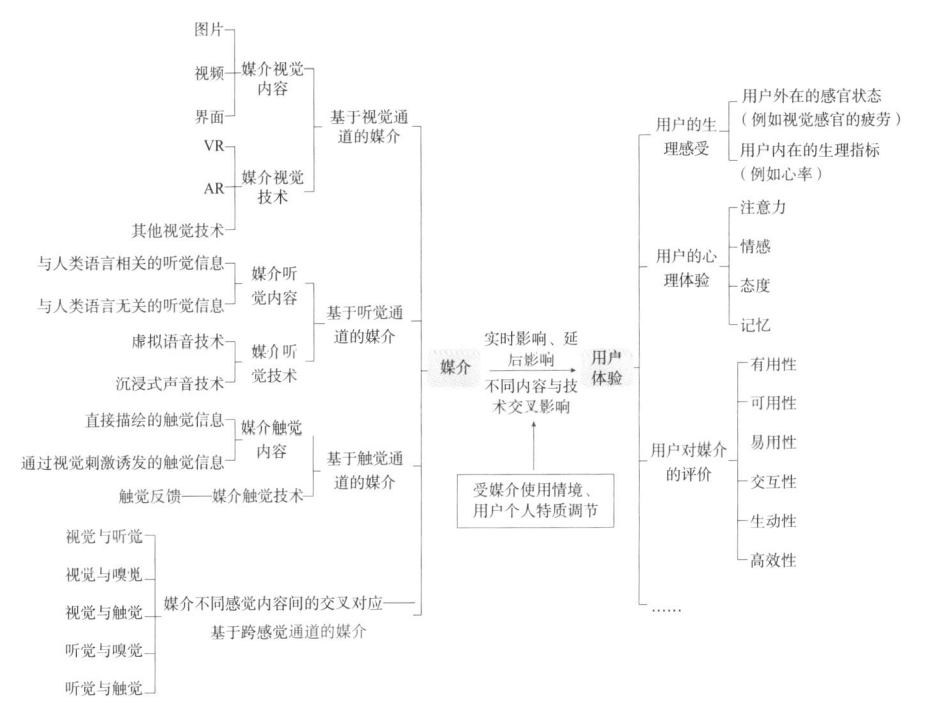

图 4-1 多通道感知的用户体验效果测度细分图

二、多模态融合的媒介传播效用测度框架

多模态媒体信息融合是一种先进的分析方法，它通过整合文本、图像及其融合表示的特征来增强媒体数据的采集和解释。[1] 在文本特征和图像特征的选择上，重点考量其外显的文字、情感、情境等方面的形式特征以及反映出实际内容的语义特征。然后在特征层分别对文本和图像的形式特征和语义特征进行融合分类，再在决策层将基于形式特征和内容特征得到的

---

[1] 徐元，毛进，李纲. 灾害事件下基于多模态融合的社交媒体信息丰富型推文识别研究 [J]. 情报科学，2021，39（5）：169-175.

分类结果进行融合，得到最终结果，如图 4-2 所示。

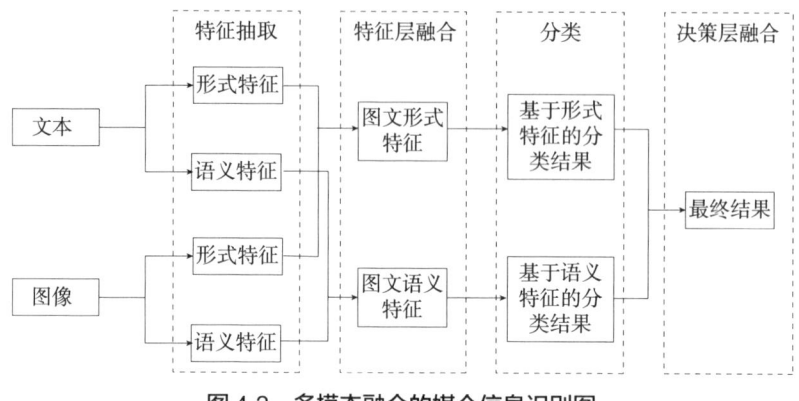

图 4-2　多模态融合的媒介信息识别图

三、多渠道接触界面的传播效率测度框架

在新分配格局下，媒体矩阵传播变得常态化，社交平台成为媒体拓展传播效能的首要渠道。如今，媒介消费者被空前赋权超级个体，媒介传播的内核聚焦于跨平台、跨屏传播，公域流量与私欲流量的接通，后真相情感认同，以及非逻辑、非理性关系表达，因而界面传播效率的测量将受到界面信息交互过程、结果以及用户感知等因素的影响。

本研究梳理得出界面传播效率评测的指标可涵盖四个层面：一是信息交互水平层面，主要受到界面交互信息流动频度、信息流动速度、信息流动幅度等指标的影响；二是信息流量与存量层面，考量公域流量与私欲流量接通效果，主要涵盖信息转动效应、信息激活效应、信息渗透效应以及信息联通效应；三是信息利用程度层面，包括信息触达与信息专业创新；四是用户交互感知层面，涉及用户交互的情感满意度、思想和价值观等的引导力、媒体信源的可信度等指标。

第二节　主流媒体传播力绩效评估的测量内容设计

一、基于多通道感知的用户体验效果研究

（一）多通道感知信息对用户体验影响的关键因素的凝练

如图4-1所示，研究发现，多通道感知信息内容及其呈现的方式是影响用户体验的核心因素，主要集中在三个方面：其一，信息内容及其呈现方式对媒介用户是否有用；其二，信息内容及其呈现方式对媒介用户是否可用及易用；其三，信息内容及其呈现方式是否会令媒介用户感到满意。本研究将在这些研究的基础上应用传统的文献研究、案例研究、问卷调查等方法针对上述问题进一步凝练，以便明确影响媒介用户体验的核心因素。

（二）多通道感知信息对用户体验影响评价体系的构建

这部分内容是整个研究的核心，研究包括三个部分：其一，多通道感

知信息对用户体验影响关键因素系统的确立；其二，多通道感知信息对用户体验影响关键因素的测量；其三，多通道感知信息对用户体验影响评价体系的构建。具体内容，如图 4-3 所示。

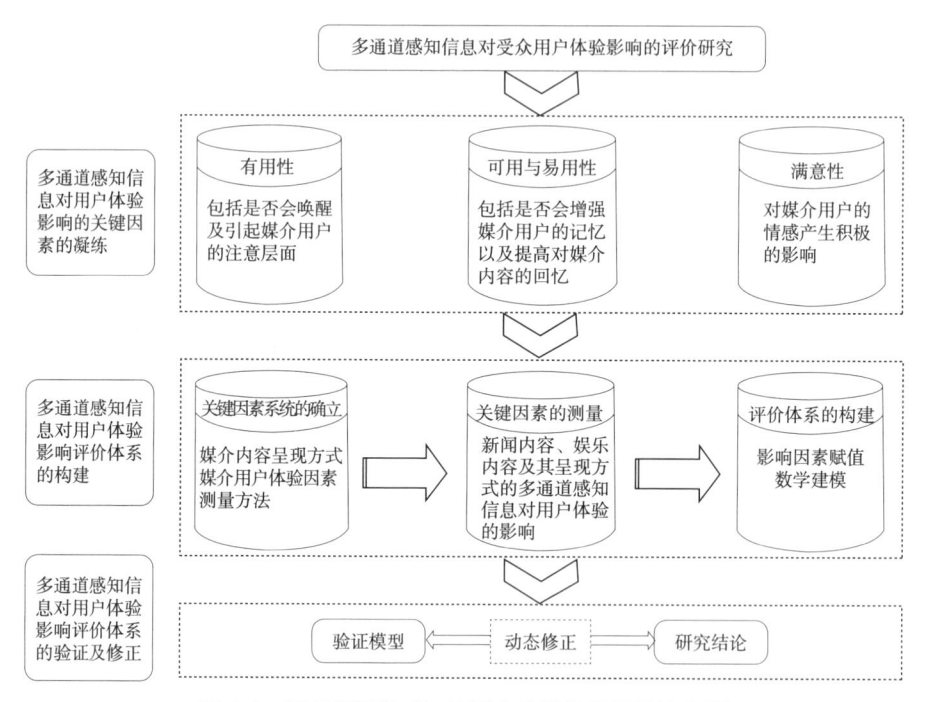

图 4-3　基于多通道感知的用户体验效果评价流程图

（三）多通道感知信息对用户体验影响评价体系的验证及修正

为提升多通道感知信息对用户体验影响评价体系的生态学效度，本研究将针对不同媒体平台（包括今日头条、抖音、爱奇艺、人民网等）的真实数据，应用机器学习和数据挖掘技术建立弱监督人工神经网络，通过计算机解析数据中的纠缠特性，运用统计手段对数据进行聚类分析，验证并修正多通道感知信息对用户体验影响的评价体系。

二、基于多模态融合的媒介传播效用研究

（一）多模态融合对主流媒体传播效用的影响因素挖掘

本研究通过文献计量法，整合主流媒体传播力绩效评估已有的影响维度，同时挖掘媒介形态嬗变下主流媒体信息传播现象中影响传播效能的关键要素，并结合媒介融合的演进过程，从受众、媒介、市场等维度剖析影响传播效能的动态特征要素。整合出静态与动态层级下的关键影响因素，依据主流媒体融合下典型成功案例分析，构建主流媒体传播效能的概念模型，解析出动静效能各维度的内容构成，及其在主流媒体传播效能间的关联关系模型，并对其价值及作用进行检验。在主流媒体传播动静效能形成和影响因素研究的基础上，确定传播效能形成的前置因素，具体如图4-4所示。

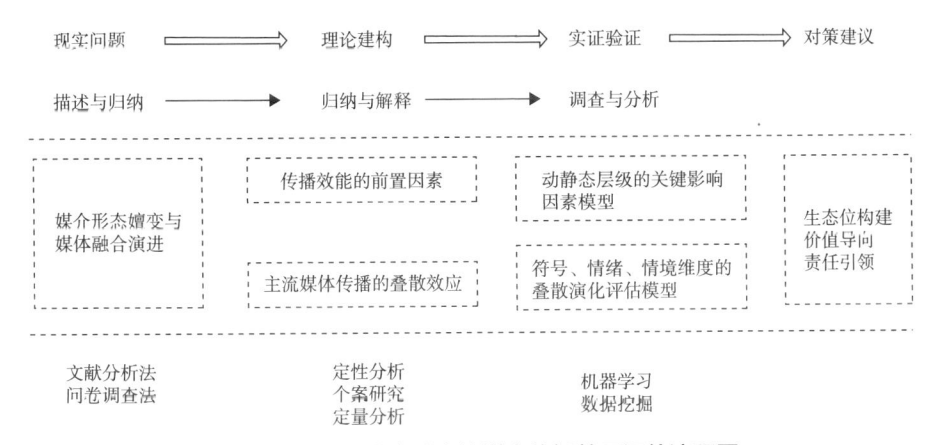

图 4-4 基于多模态融合的媒介传播效用评价流程图

（二）多模态融合的主流媒体信息传播的辐散—叠聚效应

传播效能的前置因素分析和验证发现，多模态融合的主流媒体信息的最终呈现是由符号、情绪、情境这三维度信息的叠加进行表征的。同时，三维度信息会因主流媒体传播中的触发物而引发传播路径上的辐散，使得受众在不同的接受节点和辐散—叠聚状态下产生不同的信息行为[①]。由此，提出多模态融合的主流媒体信息传播的辐散—叠聚效应模型，同时通过信息辐散度与信息主导度的二变量对多模态融合信息传播的辐散和叠聚状态进行度量。

（三）多模态融合的主流媒体信息传播的叠散演化评估模型及策略

借鉴光的叠散理念构建主流媒体信息传播演化模型。受众在主流媒体平台中形成数个交流子圈群，各子圈群的信息可通过平台采集的评论量、播放量与点赞量等三种典型行为数据，来表征主流媒体信息传播中的符号、情绪与情境等三个维度。

在符号信息维度，使用 LDA（Latent Dirichlet Allocation，潜在狄利克雷分配）模型对主流媒体信息传播的标题简介进行主题建模，得到其主题向量，每条主题向量代表该媒体信息的符号信息，并通过圈群受众所发信息之间的主题向量的相似度来计算受众之间信息传播的量。在情绪信息维度，可以使用积极和消极两种类别作为情绪信息的分析粒度。通过机器学

---

① 杨雪睿，杨怡情. 叠聚与辐散：数字化浪潮中的社群演变及其影响因素研究［J］. 现代传播（中国传媒大学学报），2020，42（10）：123-127.

习的朴素贝叶斯分类模型得到积极与消极情绪分类概率权值，这个值作为媒体信息的情绪信息，测度出媒体信息之间情绪信息的差值来作为情绪信息的传播值。在情境信息维度，主要度量媒体信息发布的时间与空间特征，探讨从事件情境和主体情境两维度定义情境信息。结合媒体信息在传播过程中三维度信息处于辐散状态的大小程度，以及三维度信息中某一维度占主导地位，对媒体信息传播总态势的主导信息进行评测。

最后，总结归纳多模态融合的主流媒体传播的呈现机制与传播规律，阐释论证其对传播生态的影响因素和传播路径，对其在传播过程中的价值导向与责任引领进行效果检视，确定主流媒体传播效能提升策略。

三、基于多渠道接触界面的传播效率研究

（一）界面传播效率评价新模式的构建

总结新格局下主流媒体交互界面传播效能评价的新特点，分析现有跨屏、跨媒体界面传播效果评价的历史演变，有哪些评价维度起作用，以及其所表征的结构性维度有哪些。结合深度融合媒体时代下主流媒体接触界面传播将面临的关键问题，探寻进行界面传播效率评价可能涉及的关键问题与评价标准。由此构建出基于多渠道接触界面的传播效率评价的新范式。

（二）界面传播效率评价指标的构建

在新媒体环境下，媒体发展的两大重任是内容创新与渠道重构。在新的传播形势下接力传播将成为主流，而实现接力传播的关键是公域流量与

私域流量接通后的转换、调动、渗透、激活等能力。同时，面对大事件的不确定性，主流媒体作为关键节点，其信任度和引导力是立足之本。结合跨媒体传播链路分析结果，融合多个媒体平台维度的传播影响指数，提供融媒体和跨媒体影响力量化评价的指标体系，可以考虑从界面交互的内容、渠道以及用户交互感知等层面进行设计。

（三）多渠道接触界面的传播效率评价模型构建及应用

依据对跨屏、跨媒体交互界面传播效果的影响因素分析，解析出多渠道接触界面的传播效率评价指标体系的基本架构，归纳和筛选出多渠道接触界面的传播效率评价方法，拟通过引入粗糙集方法构建出层次式智能评价模型，并运用具体事例分析与验证模型的可行性。

第三节 主流媒体传播力绩效评估的测量指标设计

一、主流媒体用户体验效果评估的认知神经传播实验指标

（一）指标体系设计思路

本研究旨在建立评测主流媒体用户体验效果的测度指标体系，洞察影响用户体验的内在机制，建构媒介用户体验模型，同时尝试探究特定情境下用户使用媒介所产生特定体验的内在原因，为提高用户使用体验提供策略依据。指标的确定过程包括用户体验的认知神经学测评、传统行为学测评、双眼竞争测评、眼动追踪测评等环节。

1.用户体验的认知神经学测评

建立用户使用体验评估综合指数——"UEI 指数"（User Experience Index）。该指数的分数等级可以为媒介用户使用体验的分类和分级提供科学的客观依据，也可以为预估媒介产品的经济价值提供客观及量化的指标。依据不同媒介产品与服务类别，设计不同的实验方案，并在此基础上整合各种不同的评估指标，如注意、记忆、情绪、语言、潜意识等不同的大脑

认知加工过程和状态，同时，采用国际公认的、科学的、成熟的算法，如EEG、相干法、同步法等，从而为UEI指数以及各项测评结果的有效性和可靠性提供保障。

2. 传统行为学测评

通过高信度和高效度的量表，测查用户对媒介产品直接的、外显的、主观的感受。量表包括自陈量表、辨识度量表、记忆量表、情绪量表以及选择性小游戏。行为量表的测评可以为认知神经学测评、双眼竞争测评、眼动追踪测评结果提供基本资料和佐证。鉴于行为学手段的局限性，最终的测评结果以认知神经学测评为主，修正并完善行为学测评。

3. 双眼竞争测评

该技术的特点就是物理刺激没有发生改变而在大脑中的意识发生了改变。利用这一特点，根据媒介产品的特异性，制订满足不同需求的实验评估和设计方案，综合上述神经科学测评技术和方案，能够从潜意识层面测查出受众对媒介产品知觉的选择性和知觉的抑制性。

4. 眼动追踪测评

通过精巧的实验设计，利用眼动追踪技术和方案，记录和观测眼动时间、眼跳方向、眼跳距离、持续时间等参数，以及瞳孔大小、眨眼、注视点轨迹图等，可以测查用户在使用各种媒介产品时的视觉信息加工特点，观察其与心理活动直接或间接的关系。该项测试可以对前述的UEI指数、双眼竞争测评等做出进一步的补充。

（二）指标体系的构建

以用户认知效果测量为例洞察数智时代用户个性化体验，具体操作层面可将认知效果细化为因变量指标和调节变量指标两部分。

1. 认知效果的因变量指标设置

如前所述,认知效果因变量的测度包括对认知焦点、认知广度与认知深度的测量,如表 4-1 所示。

表 4-1 认知效果的因变量指标

测量维度	指标设置	测量方式
认知焦点	最重要信息	自我报告、眼动测评
认知广度	注意范畴	眼动测评
	记忆范畴	行为实验测评
认知深度	信息加工程度	脑电测评、过程分离程序(PDP)心理实验
	信息理解程度	问卷调查、自我报告

认知焦点可通过自我报告或眼动测评的方式来识别对用户影响最深的信息。认知广度主要评测注意范畴和记忆范畴。一般由眼动测评(生理)和行为实验测评(心理)相结合进行评估,前者用以判断注意范畴,后者用来测量记忆范畴。认知深度是对信息加工程度和信息理解程度的评估,结合脑电测评与过程分离程序(PDP)心理实验测评信息加工程度,并使用问卷调查或自我报告对信息理解程度进行测量。

2. 认知效果的调节变量指标设置

认知效果的影响机制可以从特质和感知两方面得以体现,如表 4-2 所示。

表 4-2 认知效果的调节变量指标

测量维度	指标设置	可测变量
特质	生理特质	年龄、性别等
	社会特质	身份、地址等

续表

测量维度	指标设置	可测变量
特质	认知特质（信息加工）	风格、闭合需要等
	媒介特质（媒介接触）	人格
感知	个人感知	价值
	人际感知	情绪、价值
	群体感知	情绪、价值、规范

特质方面除了可以追踪用户的生理特质和社会特质，还可从信息加工相关的认知特质、媒介接触相关的媒介特质等方面进行探究。比如，个体在信息加工处理过程中表现出的习惯化模式（认知风格）、对模糊信息的耐受度（认知闭合需要），以及个体在媒介接触中表现出的人格倾向等。感知方面，用户感知随着个人、人际、群体等传播层次的不同，在情绪、价值、规范等方面也会产生不同的变动。

二、主流媒体媒介传播效用评估的大数据智能算法指标

（一）指标体系设计依据

大数据时代，互联网已经成为社会基础性的底层设施，就像一台计算机的操作系统一样，规定着人类的运作方式、决定着人类的价值评估、划定着人类的运营空间。面对这一逻辑，传媒操作的关键是什么？至少有两个关键词应该记取。一是关联。互联网对一切社会要素、市场要素的关联

进行了整合。互联网进入我们生活的最初阶段，是利用它的海量存储、超级链接实现了对画地为牢、各自为政的内容供应状态的互联互通，以新浪、搜狐、网易为代表的第一代综合门户构成了最初的"内容网络"。二是开放。首先是自我的开放。要打开自己的视野和运作格局，不能仅仅盯着自己把控的"一亩三分地"。要将眼光投向更为广阔的市场空间，在产业整合和市场协同中利用别人的资源、别人的品牌、别人的渠道去做传播和社会服务，这是媒体融合和市场"碎片化"给我们带来的最大机遇，对于这样一个机遇不可视而不见。互联网的精神就是开放，合作共赢是互联网时代功能创造和价值实现的基本法则。

采用大数据挖掘网络舆情调研的方式来进行测评，通过对社交平台相关数据进行挖掘，基于大数据分析特定情境下媒体移动客户端用户体验效果及其影响因素，有助于评测受众群体、类型和社会结构，挖掘并分析网民在社交媒体平台的评价、口碑及行为数据，据此形成媒介传播效用评估的大数据智能算法框架。

（二）指标体系的构建

结合社交媒体平台的大数据，分析用户的主流媒体移动客户端应用状况、依赖度、信任度、持续使用意愿等认知、态度和行为层面的微观因素，可用性、易用性等中观因素，以及网络平台规范、社会文化等宏观因素的影响，辨识出其中的关键性影响因素。具体来说，其一是空间结构研究，探索用户口碑评价在主流媒体中的传播扩散路径与结构；其二是时间序列分析，探索用户主流媒体持续使用效果评价的变化动态。在主流媒体中的传播动力机制研究，第一是"分类"，即用户效果评价类别的甄别；第二是"分层"，即传播节点与网民意见领袖的分析；第三是"分级"，即用户效果评价的情感判别。主流媒体媒介传播效用评估的大数据智能算法指标设计，如表 4-3 所示。

表4-3 主流媒体媒介传播效用评估的大数据智能算法指标

名称	方向	一级指标	二级指标	三级指标	
主流媒体媒介传播效用评估的大数据智能算法指标框架（大数据挖掘与计算传播分析）	自上而下	主流媒体移动客户端效果评测	价值分析	粉丝量	
				浏览量	
				活跃度	
				用户黏性	
			内容分析	内容主题	
				情感倾向	
				内容情境	
				网络搜索量	
			评论时序分析	口碑扩散发酵分布时间	
	自下而上	主流媒体媒介传播动力效果评测	微博、微信内容分析	分类：话题类别	
				分层：网络分工	
				分级：情感判别	
		主流媒体媒介用户持续使用效果评测	认知渠道	主动搜寻	
				被动接触	
				信息偶遇	
			使用态度	解释	是/非
				评估	显著性
					重要性
					可信度
					依赖度
				决定	益处
					障碍
				调节	自我效能

续表

名称	方向	一级指标	二级指标	三级指标	
主流媒体媒介传播效用评估的大数据智能算法指标框架（大数据挖掘与计算传播分析）	自下而上	主流媒体媒介用户持续使用效果评测	行为模式	启动或培育	动机
					条件
					调节
					制约
				转变或增强	动机
					条件
					调节
					制约
				持续使用	动机
					条件
					调节
					制约

三、主流媒体界面传播效率评价的复杂系统指标

（一）指标体系设计理念

接触点理论是品牌传播和品牌营销的新理论，所谓接触点（Contact Point）是品牌或产品与消费者产生信息接触的地方，是运送营销信息的载体。它不局限于广播、电视、报纸、杂志、户外、互联网等媒体，还包括

产品本身、产品网站、交流产品使用体验的亲友等,只要能成为传播营销信息的载体,就可以视为接触点。不同接触点交错、结合,会形成所谓的"认知界面",从接触点到认知界面,进而构成了品牌在民众大脑中的真实品牌声誉或形象的硬实力与软实力。主流媒体界面传播效率评价使用该理论作为指标体系构建的指导理论。

借鉴国外相关研究探讨新媒体环境下品牌声誉的形成机制,可解析为一个信号理论与三类解释性理论[1]。主流媒体品牌声誉的信号理论需达成两类共识:一是某一主流媒体声誉,随着时间推移,内外部相关者对新媒体环境下主流媒体的全面感知;二是共识建立在信号理论基础之上,品牌声誉是该主流媒体机构成果产出的结果[2],以信号的形式存在,并影响着媒体的传播质量。因为不同媒介情境下不同视角、不同群体对主流媒体成果产出的内涵各持己见,所以阐释品牌声誉的具体形成机制存在理解偏差[3]。第一种基于资源依赖论的声誉机制解读。该观点将资源要素投入视为主流媒体培育社会品牌声誉的基础性因素,这在某种程度上映射出媒体资源和最终绩效的函数关系,等价于主流媒体的资源投入—产出的效率感知;第二种基于主流媒体功能决定论的声誉机制探究。该观点从主流媒体的基本功能出发,剖析其功能履行如何影响主流媒体的社会声誉,并在实证中论证媒体品牌声誉与研究绩效间的相互关系;第三种基于主流媒体复杂系统论的声誉机制探析。该观点认为现代主流媒体是具有独特智能和使命的复杂性社会组织,其社会品牌声誉与中观、微观层面的组织行为相互作用,逐

---

[1] 张洋,朱嘉麒,韦安乔,等.大学网络声誉的量化评价研究[J].情报学报,2023,42(8):926-938.

[2] SPENCE M. Job market signaling [M]. New York: Academic Press, 1973: 281-306.

[3] RINDOVA V P, WILLIAMSON I O, PETKOVA A P, et al. Being good or being known: an empirical examination of the dimensions, antecedents, and consequences of organizational reputation [J]. Academy of management journal, 2005, 48 (6): 1033-1049.

渐形成了主流媒体的品牌声誉。固然，主流媒体品牌声誉在一定程度上影响着媒体各类资源的获取，本质上也是媒体传播质量的结果，而主流媒体品牌声誉是一个抽象的、复杂的概念，其建构的本质源自主流媒体的使命，能在一定程度上反映出该使命的进展情况。此外，需综合解析基于不同视角、文化、媒介下主流媒体品牌声誉的产生与维持的关键要素及其影响机制。

从品牌声誉视角看，任何组织要想成功必须具备良好的声誉，声誉理论所倡导的主动互动、价值吸附、信任关系等理念与主流媒体传播力要求不谋而合。媒体声誉是利益相关者们对媒体过去行为与未来前景的综合感知[①]。其具备全员性、主动性与长期性特征，包含了利益相关者对组织硬实力的认知和软实力的感知。

主流媒体的传播力也具备软实力、硬实力的双重属性，硬性传播力代表主流媒体的传播业务水平，软性传播力指主流媒体品牌价值的形象力。借鉴声誉管理理论，主流媒体的传播业务水平、品牌价值形象正是打造主流媒体声誉资本的基础与巩固媒体声誉效果的手段。

（二）指标体系的构建

数智技术驱动下主流媒体需平衡其事业、产业、公共等属性关系，要重视融合壮大主流意识形态传播，也要扩大在全媒体矩阵下的竞争优势，坚守公平正义，努力在各利益群体中建立最大公约数的共识，实现共享共赢发展。显然，明晰的身份定位是提升主流媒体传播力的第一步，突出的胜任能力则是增强主流媒体传播力的根本物质保障。借鉴声誉管理的能力维度，本研究试图从触达链接力、资源支撑力、互动沟通力、创新迭代力、

---

① 田香凝，曾祥敏. 身份、能力与道德规范：声誉管理视角下的新型主流媒体建设［J］. 中国出版，2021（14）：27-32.

品牌形象力等五个维度出发构建主流媒体界面传播效率评价指标，如表4-4所示。

表4-4　主流媒体界面传播效率评价的复杂系统指标

名称	方向	一级指标	二级指标	三级指标
主流媒体界面传播效率评价指标	硬实力	触达链接力	信息流量与存量	信息转动效应
				信息激活效应
				信息渗透效应
				信息联通效应
			信息利用度	信息专业创新
				信息触达
		资源支撑力	信息质量	及时性
				公正性
				准确性
				人文情怀
			信源可信度	传播主流价值
				引导主流舆论
				指导日常生活
			盈利能力	用户基数
				增长潜力
				经济实力
		互动沟通力	互动形式	认知互动
				行为互动
				情感依恋

续表

名称	方向	一级指标	二级指标	三级指标
主流媒体界面传播效率评价指标	硬实力	互动沟通力	信息互动水平	流动频度
				流动速度
				流动幅度
		创新迭代力	平台优势	媒体资源
				媒体区位
			技术创新	新技术研发
				新技术运用
				语言的开放性
	软实力	品牌形象力	信任度	内容生产信任
				内容传播信任
			满意度	用户参与度高
				关注量、点赞量、转发量高
				社群合意
			知名度	大众媒体提及度
				"草根"网民提及度
				意见领袖提及度
			美誉度	大众媒体美誉度
				"草根"网民美誉度
				意见领袖美誉度

触达链接力是信息触及用户与其建立链接的专业力。一方面，从信息利用度考量主流媒体传播力核心要求是触达受众，拥有更多的受众积累，

并能留住和影响受众；另一方面，从信息流量与存量考察主流媒体在公域流量、私域流量之间的转动、激活、渗透、联通等效应。资源支撑力是主流媒体通过资源开发实现自主经营的支撑力。主流媒体可以立足于自身优势，以高质量、高可信源的新闻信息吸引受众，在建立稳定供需关系的基础上，尝试结合自身行业、在地化资源，向用户提供个性化定制的增值服务。其中信息质量评价维度可从信息的及时性、公正性、准确性以及人文情怀等方面测度；信源可信度可从传播主流价值、引导主流舆论与指导日常生活等方面评测[1]；盈利能力主要从主流媒体在不同平台上的用户基数、增长潜力、经济实力等方面测量[2]。互动沟通力是主流媒体与公众进行信息交流和理性对话的双向互动能力。在新媒体环境下，主流媒体与受众相互渗透，形塑公众认知网络、提供各类民生议题讨论、引导共情传播，与受众建立多元信任关系。因此，这一层面的评估可以分为互动形式和信息互动水平两个维度，主要评价公众的认知互动、行为互动情况，以及情感依恋程度，并从信息流动频度、流动速度、流动幅度方面测度信息互动水平。创新迭代力是主流媒体通过不断进化和技术革新融入外部环境的竞争能力。从主流媒体是否具有良好的资源、区位等优势考量平台创新情况；从主流媒体新技术研发、新技术运用及语言的开放性等方面考验媒体技术创新潜能。在主流媒体软实力方面，主要从信任度、满意度、知名度、美誉度等方面测量其品牌形象力。信任度测量要素包括内容生产、内容传播等方面的信任；满意度测量要素包括用户参与度高，关注量、点赞量、转发量高，社群合意等方面。知名度和美誉度可分别根据大众媒体、"草根"网民、意见领袖的提及度、美誉度进行测量。

---

[1] 强月新，胡阳.平台化视角下新型主流媒体公信力评估指标体系建构[J].当代传播，2023（4）：18-23.

[2] 高贵武，薛翔.新媒介环境下中国主流媒体的声誉评价体系研究[J].国际新闻界，2020，42（7）：114-127.

第五章
数智时代主流媒体传播力绩效多维智能测量实证

第一节　多通道感知的用户体验效果实证

智能语音是人工智能三大核心技术之一，随着人工智能的迅猛发展，智能语音应用迅速普及，如语音搜索、语音识别、文字语音转录、语音合成、人机交互等，有声读物的合成语音朗读选择多种多样，手机应用的语音助手也花样繁多，实现了设备控制、信息查询、生活服务、情感陪伴等。数据显示，2022年中国智能语音市场规模已达到约700亿元，预计2025年将突破千亿元大关。在新闻传播领域，新闻客户端、公众号大都配置了合成语音播报功能，有些还推出了虚拟主播。在人工智能的助力下，合成语音对人们的生活产生了深远的影响。声音已经不是过去意义上的声音。1.5倍、2.0倍速播放的新闻、视频，计算机合成语音播放的新闻、有声书等，充斥着现代人的生活[1]。伊尼斯认为，"一种媒介经过长期使用之后，可能会在一定程度上决定它传播的知识的特征"[2]。长期收听合成与加速后的内容产品会对受众产生哪些影响，即为本节的研究议题。

---

[1] 喻国明，王文轩，冯菲. "声音"作为未来传播主流介质的洞察范式：以用户对语音新闻感知效果与测量为例[J]. 社会科学战线，2019（7）：136-145，282.

[2] 伊尼斯. 传播的偏向[M]. 何道宽，译. 北京：中国人民大学出版社，2003：28.

一、不同信息结构、类型、呈现速度等对用户使用体验产生不同的影响

以往的研究发现，不同的媒介、内容和目标定位将导致用户不同的动机和认知反应模式，这与信息的结构和内容以及媒体用户的个体差异相互作用，最终决定了信息被如何处理，包括信息的哪些部分被注意、编码和存储以及对信息的评价和喜欢程度。有关个体处理信息的一系列研究，衍生出了LC4MP（Limited Capacity Model of Motivated Mediated Message Processing）理论，即人们处理信息的能力资源是有限的，利用这一有限的认知资源感知、编码、理解以及记忆他们所生活的世界。信息处理的过程包括三个子过程：编码（encoding）、储存（storage）和检索（retrieval）[1]。进一步的研究发现，信息的某些结构特征（如信息节奏和唤醒内容）会影响这些资源的分配方式，从而影响人们在大脑中处理和存储信息的过程和结果。如视频信息结构特征中的场景变化、镜头切换、声音变化等引发了受众的定位反应[2]，从而引发认知资源的分配。随着视频信息节奏的加快、信息结构的提升，注意和记忆达到一个顶点。但当信息变得过快，编码这一过程变得过载，记忆就会受损。音频信息结构特征中的语音速度、动机相关的单词、声音效果、声音变化（从一个说话者到另一个说话者）和音

---

[1] LANG A. Using the limited capacity model of motivated mediated message processing to design effective cancer communication messages [J]. Journal of communication, 2006, 56 (S1): 57-80.

[2] 定位反应（orienting response）是指对新的刺激的注意反应。身体或身体的某一部分对刺激的方向是可以直接观察到的，但对它的生理过程，则可通过监测的方法，如脑电波、肌电波、皮肤的电反射、心搏等的变化进行间接了解。如果重复进行刺激，则可产生习惯现象，定位反应减少。另外在巴甫洛夫的条件反射中，称定位反应为定位反射。

乐播放等已被证明可以在听众当中引起定位反应[①]。

因此如何设计信息结构，以什么样的速度呈现信息，并确保信息的重要部分被大脑编码，是内容产品生产者所追求的。本研究聚焦于"以什么样的速度呈现信息"这一主题，探究速度对不同性别用户的新闻感知影响。

二、语音呈现速度、语音性别的不同对用户使用体验产生不同的影响

学者曾研究了人们对于合成语音速度的接受范围，发现平均每分钟可以达到309个词，而人们普遍的说话速度是每分钟120—180个词。结果显示，很多人可以听明白比正常谈话速率快很多的合成语音。研究者认为，大多数用户都有优化语速的空间[②]。

1. 语音速度影响说服力

米勒（Miller）测试了说话速度和态度变化之间的关系，实验中低速情况下的语音平均速率为102词/分钟，高速情况下平均速率为195词/分钟。一段共400个词的实验材料讲述了咖啡对人体的危害。结果显示，实验参与者认为语速较快的说话者更加博学，在语速较快的情况下，实验参与者的态度转变更大[③]。乔克（Chock）在研究公益广告效果时发现，随着

---

① LANG A, SCHWARTZ N, CHUNG Y, et al. Processing substance abuse messages: Production pacing, arousing content, and age [J]. Journal of broadcasting & electronic media, 2004, 48（1）: 61-88.
② BRAGG D, BENNETT C, REINECKE K, et al. A large inclusive study of human listening rates [C] //Proceedings of the 2018 CHI conference on human factors in computing systems. New York: ACM Press, 2018: 1-12.
③ MILLER N, MARUYAMA G, BEABER R J, et al. Speed of speech and persuasion [J]. Journal of personality and social psychology, 2015, 34（4）: 615-624.

信息节奏加快，受众认为他们受到广告信息的影响越大[1]。

2. 语音速度影响受众对信息内容的信任度

快节奏信息的处理负荷增加也会影响对现实的看法。夏皮罗（Shapiro）等人的实验认为，快节奏的商业广告比慢节奏的商业广告更真实。观众最初认为电视演示是真实的，并且只有通过后续的、深思熟虑的评估才会认为它们是不真实的。

3. 语音速度影响人们对说话者及信息内容喜爱度的评价

听众认为，那些实际语速与他们类似的说话者的社会吸引力高于快于或者慢于他们实际语速的说话者。实际语速高于听众感知到的语速的说话者比那些语速更慢的说话者获得的能力评价更高。有学者对电视购物主持人的语速进行了调查，让86位被调查者选择自己最喜欢的语速，结果显示选择语速为每秒8字（480字/分钟）音频的人占总人数的94.2%，选择语速为每秒6字（360字/分钟）音频的人占总人数的4.6%，选择语速为每秒5字（300字/分钟）音频的人占总人数的1.2%，而语速为每秒4字（240字/分钟）音频则无人喜欢[2]。对于喜爱度来说，语速越快，人们的喜爱度越高。

4. 性别因素对语速影响的调节

李（Lee）等人的劝服实验表明，在遇到社会困境时，相对于女性合成语音的建议，人们更愿意采纳男性合成语音的建议，印证了性别刻板印象的存在。与此同时，对男性用户而言，男性合成语音比女性合成语音具有更高的社会吸引力和可信度。而女性合成语音对女性用户具有更高的社会

---

[1] CHOCK T M, FOX J R, ANGELINI J R, et al. Telling me quickly: How arousing fast-paced PSAs decrease self-other differences [J]. Communication research, 2007, 34 (6): 618-636.

[2] FELDSTEIN S, DOHM F A, CROWN C L. Gender and speech rate in the perception of competence and social attractiveness [J]. Journal of social psychology, 2001, 141 (6): 785-806.

吸引力和可信度[1]。对于女性受众而言，她们感知到的说话者的语速与说话者的社会吸引力呈负相关，而对于男性受众而言，他们感知到的说话者的语速与说话者的社会吸引力呈正相关。

三、可信度与喜爱度的测量

在大众传播时代，从业者和研究者就致力于探索影响受众对新闻体验感知的因素。人们建立了很多新闻质量评价指标。朱莉安·乌儿本（Juliane Urban）发现，在前人研究汇总的新闻质量评价指标中，受众只能辨别相关性、公正性和多样性指标，很难辨别道德性、客观性和可理解性指标[2]。此外，受众个人的媒介使用经验和习惯也影响其对新闻质量的评价。由于新闻质量的评价不易测量，因此研究者转向测量更容易获得的可信度和喜爱度指标。

1. 可信度

郑中杰将新闻的可信度分解为三个部分，即来源可信度、信息内容可信度、媒介可信度[3]。其新闻可信度聚焦于信息内容的可信度，即语音新闻的内容可信度。

2. 喜爱度

施亚姆·桑达尔在研究对比印刷新闻和在线新闻时，通过搜集实验

---

[1] LEE E J, NASS C, BRAVE S. Can computer-generated speech have gender? An experimental test of gender stereotype [C] //CHI'00 extended abstracts on human factors in computing systems. New York: ACM Press, 2000: 289-290.

[2] URBAN J, SCHWEIGER W. News quality from the recipients' perspective: Investigating recipients' ability to judge the normative quality of news [J]. Journalism studies, 2014, 15 (6): 821-840.

[3] CHUNG C J, KIM H, KIM J H. An anatomy of the credibility of online newspapers [J]. Online information review, 2010, 34 (5): 669-685.

数据，总结了两套分别适用于印刷新闻和在线新闻的测量指标。克里斯特·克莱沃尔在做人工智能新闻研究时也筛选了一套指标[1]。安德烈亚斯·格拉费在做受众对智能生成新闻与记者写作新闻接受度的研究时，根据前人研究，将测量指标分为三个维度，即可信度（credibility）、可读性（readability）、新闻专业技能（journalistic expertise）[2]。

克利福德·纳什在研究真人录音与电脑合成音在影响用户对内容的感知实验中发现，在对内容的信任度、喜爱度等方面，真人语音与合成语音对受众的影响几乎一样[3]。因此，该文在汇总前人测量指标时，选取比较有代表性和统合性的文章作为指标来源参考，这些文章涉及印刷新闻、在线新闻、电脑自动生成新闻等领域。

3. 可信度与喜爱度评分表

本研究总结前人研究，统计受众对新闻接受度的测量指标（见表 5-1）。

表5-1　已有研究中受众对新闻接受度的测量指标

菲利普·迈耶（1988）	信任度	无偏见的、公正的、精确的、可信的、讲述完整的故事、区分事实与观点
约翰·纽哈根 克利福德·纳什（1989）	信任度	专业的、权威的、事实性的、讲述完整的故事、深入全面的
施亚姆·桑达尔（1999）	信任度	无偏见的、公正的、客观的

---

[1] SUNDAR S S. Exploring receivers' criteria for perception of print and online news [J]. Journalism & Mass Communication quarterly, 1999, 76 (2): 373-386.

[2] GRAEFE A, HAIM M, HAARMANN B, et al. Readers' perception of computer-generated news: Credibility, expertise, and readability [J]. Journalism, 2018, 19 (5): 595-610.

[3] NASS C, FOEHR U, BRAVE S, et al. The effects of emotion of voice in synthesized and recorded speech [C] //Proceedings of the AAAI symposium emotional and intelligent II: The tangled knot of social cognition. North Falmouth, MA: AAAI, 2001.

续表

	喜爱度	无聊的、令人愉快的、有趣的、活泼的、耸人听闻的
	质量	可信的、精确的、清晰的、连贯的、综合的、简洁的、写得好的、信息丰富的
	代表性	令人不安的、重要的、相关的、及时的
克里斯特·克莱沃尔（2014）	综合指标	客观的、可靠的、精确的、无聊的、有趣的、读起来愉快的、清晰的、信息丰富的、写得好的、可用的、描述性的、连贯的
安德烈亚斯·格拉费（2018）	信任度	精确的、可信的、公正的、可靠的
	可读性	可信的、精确的、清晰的、连贯的、综合的、简洁的、写得好的、信息丰富的
	新闻专业素养	连贯的、简洁的、综合的、描述性的

从前人总结的测试项目中，筛选出部分作为本研究的可信度和喜爱度测量指标（见表5-2）。

表5-2 本研究使用的可信度和喜爱度测量指标

可信度	公正的、无偏见的、准确的、清楚的、值得信赖的、可信的、客观的、权威的
喜爱度	有趣的、令人享受的、有娱乐性的、令人愉悦的、生动的、写得好的、令人厌烦的、转发、分享

可信度与喜爱度评分表采用9点李克特量表的形式，实验参与者被要求在1（一点儿也不）到9（非常）的范围内评价语音新闻的可信度和喜爱度，最后统计实验参与者总分，求其平均分。分数越高［其中Boring（令人厌烦的）一项为反向计分］表明可信度越高，喜爱度越高。

四、实验假设及过程

本实验的研究设计为：2（声音速度：合成语音 1.0 倍速、合成语音 1.5 倍速）×2（声音性别：男性声音、女性声音）×2（受众性别：男性受众、女性受众），探究不同语速条件下，不同声音性别，对不同性别受众对于语音新闻的主观感受的影响。

1. 假设

H1：合成语音新闻的速度越快，受众信任度越高。H2：合成语音新闻的速度越快，受众喜爱度越高。H3：受众对于男声合成语音的信任度高于女声合成语音。H4：受众对于男声合成语音的喜爱度高于女声合成语音。H5：女性受众对于语音新闻的信任度评分比男性受众高。H6：女性受众对于语音新闻的喜爱度评分比男性受众高。

2. 实验材料

语音材料共有 8 种条件，每种条件下都包含 1 段练习语音和 7 段正式语音，共 64 段语音新闻，正式语音新闻每段音频长度在 2 分 17 秒—2 分 47 秒之间，字数在 614—764 之间，练习语音新闻时间长度为 1 分 28 秒，字数为 405 字。控制信息类别，新闻内容取材自传统媒体已经发布的短篇新闻，题材主要为经济和科技类。新闻音频分别选用科大讯飞合成语音库中的一名男性和一名女性合成新闻主播的声音，速度接近中央广播电视总台新闻广播节目的速度，为 270—290 字 / 分钟。再使用音频软件，将这两类音频进行加速处理，速度为原来的 1.5 倍，加速后的速度为 405—435 字 / 分钟。

3. 实验参与者

实验参与者为 18—28 岁之间的年轻人，以在校学生为主，男 25 人，女 26 人，共计 51 人，第一语言为汉语。分组情况如表 5-3 所示。

表5-3 实验参与者分组情况

	男性合成 1 倍速	女性合成 1 倍速	男性合成 1.5 倍速	女性合成 1.5 倍速
男性被试	6	6	7	6
女性被试	7	6	6	7

4. 实验方法与程序

实验参与者首先填写中文版贝克焦虑量表、贝克抑郁量表和正负情绪量表，考察其情绪状态，没有表现出临床上的焦虑和抑郁症状的实验参与者方可进入下一环节。实验参与者在 5 分钟静息之后，开始收听语音新闻，在每段新闻播放完毕后，在电脑上填写信任度量表和喜爱度评分表。

五、结果与讨论

两种声音速度、不同声音性别、不同受众性别的喜爱度和信任度分数如表 5-4 所示。

表5-4 两种声音速度、不同声音性别、不同受众性别的喜爱度和信任度分数

	合成语音 1.0 倍速（N=25）		合成语音 1.5 倍速（N=26）	
	男性录音 （N=13）	女性录音 （N=12）	男性录音 （N=13）	女性录音 （N=13）
	男（N=6） / 女（N=7）	男（N=6） / 女（N=6）	男（N=7） / 女（N=6）	男（N=6） / 女（N=7）

续表

	合成语音 1.0 倍速（N=25）				合成语音 1.5 倍速（N=26）			
喜爱度	4.128 ± 0.701	4.860 ± 0.521	4.536 ± 0.795	4.887 ± 0.417	4.332 ± 0.746	5.360 ± 0.854	4.827 ± 0.864	4.689 ± 0.812
信任度	6.119 ± 0.870	7.382 ± 1.372	6.250 ± 1.643	6.781 ± 0.865	7.576 ± 1.287	6.857 ± 1.288	7.671 ± 1.174	6.443 ± 0.378

1. 信任度结果

对信任度分数采用三因素 2（声音速度：合成语音 1.0 倍速、合成语音 1.5 倍速）×2（声音性别：男性声音、女性声音）×2（受众性别：男性受众、女性受众）方差分析，其中声音速度、声音性别和受众性别都是组间变量。结果发现，声音速度的主效应不显著，$F(1,43)=2.373$，$p=0.131$，$\eta_P^2=0.052$，声音性别的主效应不显著，$F(1,43)=0.363$，$p=0.550$，$\eta_P^2=0.008$，受众性别的主效应不显著，$F(1,43)=0.014$，$p=0.907$，$\eta_P^2=0.0003$。声音速度和声音性别的交互效应不显著，$F(1,43)=0.013$，$p=0.908$，$\eta_P^2=0.0003$，声音速度和受众性别的交互效应显著，$F(1,43)=8.176$，$p=0.007$，$\eta_P^2=0.160$。进一步做简单效应分析发现，在合成语音速度为 1.0 倍速时，男性受众和女性受众的信任度没有显著差异，$F(1,43)=3.690$，$p=0.061$，$\eta_P^2=0.079$；然而，在合成语音速度为 1.5 倍速时，男性受众和女性受众的信任度有显著差异，$F(1,43)=4.515$，$p=0.039$，$\eta_P^2=0.079$，男性受众的信任度（M=7.623）大于女性受众的信任度（M=6.650）。这表明，在 1.5 倍速的语音播报条件下，男性受众比女性受众对合成语音新闻的信任度更高。声音性别和受众性别的交互效应不显著，$F(1,43)=0.901$，$p=0.348$，$\eta_P^2=0.021$，声音速度、声音性别和受众性别的交互效应不显著，$F(1,43)=0.029$，$p=0.866$，$\eta_P^2=0.001$。这些结果部分支持 H1，不支持 H3、H5。

2. 喜爱度结果

对喜爱度分数同样采用三因素 2×2×2 方差分析，结果发现，声音速度的主效应不显著，F(1,43)=1.055，p=0.31，η_P^2=0.024，声音性别的主效应不显著，F(1,43)=0.12，p=0.731，η_P^2=0.003，受众性别的主效应显著，F(1,43)=6.621，p=0.014，η_P^2=0.133。进一步做简单效应分析发现，女性受众对语音新闻的喜爱度（M=4.949）比男性受众（M=4.454）要高。声音速度和声音性别的交互效应不显著，F(1,43)=0.615，p=0.437，η_P^2=0.014，声音速度和受众性别的交互效应不显著，F(1,43)=0.058，p=0.8104，η_P^2=0.001，声音性别和受众性别的交互效应边缘显著，F(1,43)=4.083，p=0.0496，η_P^2=0.087。进一步做简单效应分析发现，在声音性别为男性时，男性受众和女性受众的喜爱度有显著差异，F(1,43)=10.754，p=0.002，η_P^2=0.2，男性受众的喜爱度（M=4.226）小于女性受众的喜爱度（M=5.110），在声音性别为女性时，男性受众和女性受众的喜爱度没有显著差异，F(1,43)=0.150，p=0.701，η_P^2=0.003。这表明，当新闻声音性别为男性时，女性受众相比于男性受众对新闻的喜爱度更高。声音速度、声音性别和受众性别的交互效应不显著，F(1,43)=1.064，p=0.308，η_P^2=0.024。这些结果部分支持 H4、H6，不支持 H2。

3. 讨论

在夏皮罗的研究中，受众认为快节奏的广告更真实。李维婕的研究结果显示，语速越快的广告，人们喜爱度越高。在卡利恩的实验中，男性受众认为快速新闻更具吸引力，对自己更重要，女性则认为慢速新闻更重要[1]。本研究发现，在 1.5 倍速的语音播报条件下，男性受众比女性受众对

---

[1] KALLINEN K, RAVAJA N. Effects of the rate of computer-mediated speech on emotion-related subjective and physiological responses [J]. Behaviour & information technology, 2005, 24 (5): 365-373.

新闻的信任度更高。这点与卡利恩的结论相似；但本研究中，女性对新闻速度偏好不明显，与夏皮罗、卡利恩、李维婕等人的结果不一致。在李等人的实验中，当合成语音性别为男时，男性受众比女性受众对新闻的可信度、社会吸引力评价更高。声音性别为女时，女性受众比男性受众对新闻的可信度、社会吸引力评价更高。在本研究中，当新闻的声音性别为男性时，女性受众比男性受众对新闻的喜爱度更高，信任度没有偏向；当声音性别为女性时，男女受众喜爱度和信任度都没有显著差异。由于李的实验是 2000 年进行的，限于当时的技术，合成语音相对比较生涩，机器感更加明显，而本研究中的合成语音采用科大讯飞的技术，真人还原度极高，因此也就有了"异性相吸"的现象。本研究结果可以应用到对不同受众群体的新闻传播中，如针对男性的内容传播，可以考虑 1.5 倍速的呈现方式，针对女性的新闻传播可以考虑采用男性合成语音等。

  本次实验材料主要为合成语音，语速为一般新闻播报速度的 1.0 倍速和 1.5 倍速，对比效果略显薄弱，未来的研究可以将速度按照日常使用习惯来设置，如 1.0、1.25、1.5、2.0 倍速，以获取更丰富的对比数据。本次实验限定了年龄、学历，考察了受众性别对于语音新闻感知的影响，未来的研究还可以拓展到受众更具体的不同人格特质，细化其年龄、学历对于语音新闻感知的影响。

第二节　多模态融合的媒介传播效用实证

随着信息技术、网络技术的迭代发展，媒体信息的传播内容形式与载体模式特征都发生了翻天覆地的变化。传统主流媒体信息已无法满足人们对信息精准化、个性化的需求[①]。新媒体技术和传播维度重新定义了媒体信息传受架构。在技术维度上，新型主流媒体以移动通信与互联网技术为依托，使得媒体信息能更便捷地跨越时间和空间的界限进行服务和共享；在传播维度上，新型主流媒体的两大特征是双向传播和用户创造内容，且用户生产信息成为新媒体传播中的重要部分。而在现有研究中，无论是对突发事件的舆情监测抑或是对新媒体信息的情感分析，多以单模态、分散的视角来看待媒体信息传播的路径和演变规则。实质上，新型主流媒体所传播的信息是一种多模态叠加后的融合信息，不同模态信息在特定条件下呈现出不同的传播效用，而此时媒体传播方式已不能使用传统的线性评估框架进行全面诠释[②]。

多模态信息融合的新型主流媒体信息流的交互演化可借助光的散射模型进行解释。在光学模型中，常常通过红、绿、蓝三原色的不同组态叠加

---

① 王晰巍，杨梦晴，王楠学，等. 新媒体环境下网络社群情境信息共享影响因素实证研究：基于信息生态群落视角[J]. 情报学报，2017，36（10）：1050-1057.
② 魏超. 新媒体技术发展对网络舆情信息工作的影响研究[J]. 图书情报工作，2014，58（1）：30-34，71.

呈现各种色彩[①]。对应于新型主流媒体传播的信息中，可认为最终呈现的信息实质上都是由符号信息、情绪信息、情境信息这三维度信息叠加而成的。同时，这三维度信息会因传播中的触发物而使得媒体信息传播路径发生辐散，最终带来用户在不同模态的信息传播节点和辐散—叠聚状态下所产生的不同信息行为。据此，本研究提出假设，即媒体传播环境中的信息融合是以"辐散和叠聚"的交互演变方式进行传播的，并在不同的事件传播节点上呈现不同的融合演变状态。针对这一假设模型提出的多模态融合的媒体信息流的交互演化模型可对媒体信息的交互演化关系进行表征，即构建信息辐散度和信息主导度两个变量对多模态融合信息交互演化模型中的辐散和叠聚状态进行度量分析。

本研究试图从多模态信息融合的媒体信息流交互演化的角度对媒体信息传播进行研究与分析，并在现有研究的基础上，构建一个统一的、包容的、多模态融合的信息流交互演化模型。从理论层面看，本研究基于多模态信息融合的媒体信息流交互演化，实现了对现有媒体信息传播理论的统一和完善；从实践层面看，本研究所提出的多模态信息融合的媒体信息流交互演化关系能服务于媒体信息的舆情监管与预测，能对单模态、多模态信息的预测提供解释说明。同时，也能给新型主流媒体在社交媒体平台的传播效用评估带来启示。

一、相关研究

（一）媒体生态环境中信息传播的研究

国内外有关媒体信息传播的研究可分为两个方面，一是媒体信息流的

[①] GRANIER X, HEIDRICH W. A simple layered RGB BRDF model [J]. Graphical models, 2003, 65（4）: 171-184.

传播过程研究，二是媒体信息流传播的内容研究。具体而言，媒体信息流传播过程研究分为传播模型研究和传播模式研究。前者包括独立级联模型、线性阈值模型、统计模型等经典媒体信息传播模型，以及结合复杂网络的拓扑结构对媒体信息传播的影响模型进行研究[1]；后者多以阶段划分的方式研究媒体信息传播模式。如经典媒体信息传播阶段划分为初始期、关注期、裂变期、高涨期、消解期[2]。还有学者通过不同阶段组合提出完整、次完整、半完整、不完整等传播模式[3]。

媒体信息传播内容研究主要根据不同信息流内容在媒体中的演变和主题发现划分为四类：第一类是政策与民意话题、环境话题、教育话题等；第二类是健康传播信息话题；第三类是自然灾害话题；第四类是新闻及娱乐类话题。

（二）媒体生态环境中三类信息分量的研究

媒体生态环境中的研究大多都针对不同模态的信息分别进行剖析，以下将依据本研究提出的三维度信息对不同模态信息传播特征进行总结。

符号信息是一套具有排列规则和被特定文化人群认同的编码体系。媒体中符号信息的研究主要围绕媒体文本的主题识别、主题演变展开，其常见的研究方法包含分词处理、文档模型、相似度计算、特征空间。其中中文分词算法按照其复杂程度可以分为字符匹配法、统计学分词法、基于人

---

[1] XU Q，SU Z，ZHANG K，et al. Epidemic information dissemination in mobile social networks with opportunistic links [J]. IEEE transactions on emerging topics in computing，2015，3（3）：399-409.
[2] 李明德，张宏邦. 微博舆情：模式、表征与趋势 [J]. 情报杂志，2013，32（7）：49-53.
[3] 李明德，蒙胜军，张宏邦. 微博舆情传播模式研究：基于过程的分析 [J]. 情报杂志，2014，33（2）：120-127.

工智能的分词方法[①]。在媒体信息文档建模环节，最常用的文档模型为布尔模型、向量空间模型、概率模型[②]。相似度计算则服务于符号信息研究中的信息匹配和相关性度量，主要方法有欧氏距离、向量内积、余弦夹角等。特征空间是为了解决符号信息与主题分布的问题，是符号信息研究的核心内容，例如潜在语义分析、概率潜在语义分析模型、潜在狄利克雷分布。

情绪信息。从研究内容出发，媒体信息中的情绪研究分为舆论类情绪和交互类情绪。前者一般包括舆论、公众情绪、公众意见；后者则包括客户服务、营销口碑与广告。从研究方法层面看，媒体中的情绪信息涵盖情感挖掘方法和情感体系分类两方面。前者包含基于词典和规则的情感分类方法、有监督学习的情感分类方法、半监督学习的情感分类方法、多标签情绪分类方法等[③]。而后者则主要涉及不同粒度的情感分类准则，如消极与积极的二分类模型，还有经典情绪六分类模型、八种双向情绪、OCC情绪模型等。

情境信息。新媒体环境中情境信息的研究可从新媒体情境信息的内涵剖析、情境模型的构建、情境的应用等方面展开。在内涵剖析方面，学者德尔温（Dervin）将情境定义为由时空确定的情况；塔利亚（Talja）等将新媒体情境定义为任意影响新媒体行为的变量或要素；约翰逊（Johnson）将新媒体情境划分为情况、偶发事件、框架。在情境模型的构建方面，将其划分为个人、社会角色和环境，或依照用户与平台的交互划分为环境层、搜寻层、交互层、查询语义层。在情境的应用方面，主要分为两类：一是情境感知模型，重点将现实情境信息转化为可后期加工处理的数据信息；二是具体应用场景研究，包括社交关系推荐、标注与注释系统、移动群体

[①] 李纲，王忠义.基于语义的共词分析方法研究[J].情报杂志，2011，30（12）：145-149.

[②] 李纲，陈璟浩.突发公共事件网络舆情研究综述[J].图书情报知识，2014（2）：111-119.

[③] 安璐，吴林.融合主题与情感特征的突发事件微博舆情演化分析[J].图书情报工作，2017，61（15）：120-129.

感知研究等[①]。

（三）既有研究存在的问题及本研究目标

既有媒体信息传播的研究，大多聚焦不同的视角、不同的理论基础来对媒体生态环境中信息传播的模式进行挖掘，研究思路较为分散，各类研究未能打通形成完整、统一的理论框架，也未从深层次阐释媒体生态环境中信息流传播和交互演化的本质，更未探寻多模态信息内容的根源。

本研究将从全新的辐散—叠聚视角重新审视媒体生态环境中的媒体信息流构成，将用户信息行为作为反馈，来探究媒体生态环境中三维度信息间的融合规律及其在全过程中的传播模式，最终对本研究提出的假设进行验证和拓展。一方面，旨在通过建立多模态信息融合的媒体信息流交互演化模型，从理论角度全面地对媒体生态环境下冗杂的信息传播研究思路进行统一；另一方面，希望通过对多模态信息融合的媒体信息流交互演化关系的研究，进一步丰富媒体平台中的舆论引导，为跨媒体平台的信息交互设计提供可借鉴的思路。

二、多模态信息融合的媒体信息流交互演化模型

（一）模型阐释

本研究受光的辐散—叠聚效应的启发，构建了媒体信息流交互演化模

[①] 史海燕，陈华，杨秀丹.情报学研究中的情境：概念及模型［J］.情报科学，2016，34（9）：13-17.

型。模型的构建思路：用户在新型主流媒体平台中，通过文本特征、图像特征和图像文本融合，将媒体信息整合为多个交流子网。首先，在媒体信息文本和图像特征的选择上，重点考量能展示其外在风格的形式特征和反映实际内容的语义特征；其次，在特征层分别融合文本和图像的形式与语义特征进行子网分类；再次，在决策层融合基于形式和内容特征的分类结果，即将这些子网的信息总结为评论、转发、点赞这三种典型行为；然后，通过采集这些传播信息行为数据，将其表征为符号信息、情绪信息、情境信息三维度信息；最后通过信息辐散度、信息主导度对三维度信息之间的交互演化关系进行测度。

1. 三维度信息的数据模型定义

本研究拟通过主流媒体在微博中的关键事件对媒体信息流交互演化进行分析，数据分析过程对应的三维度信息数据模型定义如下：

A 符号信息：使用 LDA 模型对媒体发布的关键事件博文进行主题建模，得到该关键事件博文的主题向量。每条博文的主题向量代表该博文的符号信息。$W_i = \{w_1, w_2, w_3, \ldots, w_n, w_i\}$，其中，$W_i$ 代表第 i 个博文的主题向量，w_n 代表在该向量中第 n 个主题所拥有的概率权值。为便于度量两用户间信息传递的量，在此将信息传递值作为度量两用户间信息传递的比重。就符号信息而言，本研究将信息传递值定义为两用户所发博文之间的主题向量相似度。

$$Sim_{ab} = \cos_{ab}(\theta) = \sum_{i=1}^{j}(a_i \times b_i) / \sqrt{\sum_{i=1}^{j}(a_i)^2} \times \sqrt{\sum_{i=1}^{j}(b_i)^2}$$

其中 a 和 b 表示被测量的两个向量，i 表示向量中的不同维度。

B 情绪信息：将情绪信息划分为积极和消极两类分析粒度，运用机器学习的朴素贝叶斯分类模型对其进行度量，进而得到积极与消极情绪分类的概率权值，由此代表博文的情绪信息。然后将该权值映射到 [0，1]，通过测度两条博文间情绪信息的差值来表征情绪信息的信息传递值，情绪信息的权值差越小，说明两条博文间的情绪越接近。为了与符号信息的相似度值相对应，使用 1 减去情绪信息的权值差，表示若两条博文之间的信息传递比例越高，说明信息传递值越接近 1。

$$QX_{xy}=1-|QX_x-QX_y|$$

其中，QX_x 代表博文 x 的情绪信息权值，QX_{xy} 代表了博文 x、博文 y 之间的情绪信息传递值。

C 情境信息：博文发布时空特征是情境信息的度量标准。本研究从媒体事件情境与用户情境两维度对情境信息加以定义。前者主要表征博文发布时间发展状态的属性信息，后者表征发布该博文的用户的属性信息，如表 5-5 所示。

表5-5　用户情境与事件情境信息的属性值

符号	名称	情境信息类型
Fa	粉丝数	用户情境信息
Fo	关注数	用户情境信息
Wb	博文数	用户情境信息
Lv	账户等级	用户情境信息
Bt	博文发布时间	事件情境信息
Fs	博文转发数	事件情境信息
Tu	博文点赞数	事件情境信息
Co	博文评论数	事件情境信息

表 5-5 中用户情境信息属性值可以构造成知名度和活跃度两个变量进行测度。

$$Au=\frac{Fa}{Fo},\ Ac=\frac{Wb}{Lv}$$

其中 Au 为知名度，是由发布博文用户的粉丝数与关注数的比值表征其权威性。Ac 为活跃度，是由发布博文用户的博文数与账户等级的比值表征其活跃程度。

表 5-5 中事件情境信息的属性值可以构造成点赞度、热议度和分享度三变量进行度量。其度量方法可借鉴"Hacker News"网站中新闻热度计算法对情境信息所设置的变量进行表征。

$$HS=(Tu-1)/(Bt+2)^G$$
$$DS=Co/(Bt+2)^G$$
$$SS=Fs/(Bt+2)^G$$

其中，HS 表示该博文点赞度，公式中分子减掉 1 为排除博文作者自己对博文的点赞；DS 表示博文热议度；SS 表示博文被分享度；G 为常数系数，通常将其取值为 0.2。

最后，QC 情境信息可以由用户情境和事件情境中的向量表示：$QC=\{Au, Ac, HS, DS, SS\}$，其信息传递值与符号信息类似，可使用信息向量间的相似度进行测度。

$$QC_{ab}=\cos_{ab}(\theta)=\sum_{i=1}^{j}(a_i \times b_i) / \sqrt{\sum_{i=1}^{j}(a_i)^2} \times \sqrt{\sum_{i=1}^{j}(b_i)^2}$$

最终符号、情绪、情境三维度信息的信息传递值均可由取值介于 0 和 1 之间的数值表示，如果取值越靠近 1，代表信息在两条博文间的传播百分比越高。

2. 信息的"辐散—叠聚"模型

本研究将主流媒体微博中的多模态融合信息看作复色光，将用户看作棱镜，而媒体信息流的符号、情绪、情境三维度信息对应于光的红、蓝、绿。当用户接收到多模态融合的复色光信息时，对该信息进行辐散，并在不同的信息维度，通过红、蓝、绿三原色表征其不同特征。

信息的辐散与叠聚过程，在光学模型中，多模态信息聚合而成的媒体信息流复合光通过棱镜后可辐散为三原色，即转换为符号、情绪、情境三维度信息的数值。在主流媒体中微博事件用户也可被视为棱镜，当微博中的复合信息"经过"用户时，用户将多模态融合媒体信息流"辐散"为符号、情绪、情境三维度信息，且用户会对其感兴趣的维度给予更多关注。例如，对于主流媒体微博上发布的重大灾害事件（疫情信息），一些用户可能更关注疫情的危害（符号信息），所以用户的博文可能更倾向于对疫情引起的危害主体进行热议；而另一些人可能更关注疫情焦虑的情感表达（情绪信息），这些用户的博文可能更加情绪化。因而，在主流媒体特定事件信息传播中，用户作为"棱镜"将加强其更感兴趣的信息维度，对其不感兴趣的内容则会过滤，最终这些维度的信息将被用户叠加并向其他用户进行传播。

（二）媒体信息"辐散—叠聚"状态度量

1. 信息辐散度

传统光学中将辐散度定义为辐散元件或辐散系统辐散能力的大小。本研究则使用相似的概念定义信息辐散度，即主流媒体特定事件微博信息在传播过程中信息处于"辐散"状态的大小程度。为更好地理解这一概念并便于数据分析，在此引入了"叠聚信息"这个概念。所谓叠聚信息，即主流媒体特定事件微博信息在传播过程中，符号、情绪、情境三维度信息中某一个维度占据了主导地位，把持着信息传播的总态势。辐散度越小，说明博文中三维度信息之间处于叠加状态，信息之间较为均衡（熵较大），不存在明显的叠聚信息；辐散度越大，说明博文中三维度信息之间处于辐散状态，三维度信息中某一个维度具有明显的优势（熵较小），存在明显的叠聚信息。

根据信息辐散度的定义，结合"信息熵"，为了符合定义度量的要求，对信息熵原式进行了修改，给出了信息辐散度的计算式。

$$F(X)=\sum_{i=1}^{3}P(a_i)\times \mathrm{Log}P(a_i)$$

式中 $F(X)$ 表示信息的辐散度，$P(a_i)$ 代表某一维度信息 a_i 归一化后的信息传递值。若信息辐散度大于总体均值，则认为该情况下信息处于辐散状态；反之，若是信息辐散度小于总体均值，则认为该情况下信息处于叠聚状态。

2. 信息主导度

信息辐散度度量了信息的"辐散—叠聚"状态，信息主导度则是对某一维度信息在"辐散"或"叠聚"状态下的主导程度。其具体数据由该维度信息熵的百分比确定。最终某状态下符号、情绪、情境三维度信息的主导信息及其主导度数值由三维度信息的主导度数值最大的信息确定。

$$f(X)=-P(a)\times \mathrm{Log}P(a)$$

$$Z(X_1)=f(X_1)/\sum_{i=1}^{3}f(X_i)$$

$$\mathrm{LI}=\mathrm{Max}\left[Z(X_1), Z(X_2), Z(X_3)\right]$$

式中，$f(X)$ 代表单一维度信息的信息熵，$Z(X_1)$ 表征某维度信息的主导度，其数值大小决定了该信息对复合信息的代表性程度，LI 表示主导信息。

三、多模态信息融合的媒体信息流交互演化模型的实例分析

（一）数据的获取与清洗

通过数据爬虫获取主流媒体微博中某突发暴力事件的相关数据作为媒

体信息流交互演化模型的分析实例。选取该案例的原因：一是该事件属于突发暴力事件，能较快地引起用户广泛关注；二是作为较典型的突发事件，必然呈现不同传播阶段，便于针对每个阶段中不同维度信息的辐散与叠聚状态进行深入分析。实验收取了2022年6月10日至2022年10月7日26282条博文数据和发布博文的用户数据。筛选数据时，当该事件处理公示后每天参与该事件讨论的人少于5时，停止数据收集，整个事件时间跨度约171360分钟。

现有研究对热点事件的发展主要划分为七个阶段[①]，但各阶段研究较为复杂。所以，本研究从参与该突发暴力事件用户数量变化的角度拟将事件发展分为注意、选择、判断三个阶段，如图5-1所示。图中横坐标表示时间，纵坐标分别表示用户数量累积变化、微博数量累计变化。

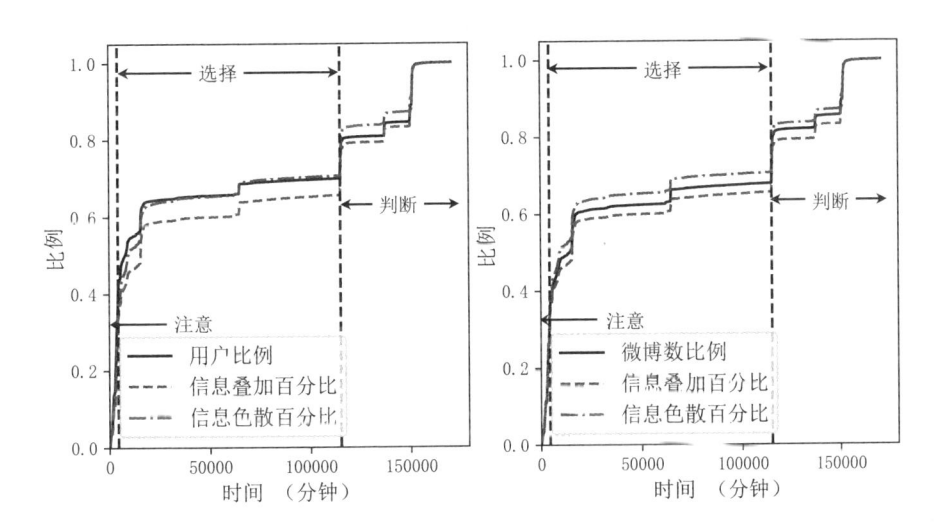

图 5-1 信息色散过程图与用户随时间变化图

———

① YANKELOVICH D. Coming to public judgment: Making democracy work in a complex world [M]. Syracuse: Syracuse University Press, 1991: 45.

（二）数据结果分析

1. 三维度信息的传播特征

根据前文对信息传递值的定义，计算出符号、情绪、情境三维度信息的信息传递值，使用小提琴图对其进行展示，如图 5-2 所示。该图是由箱线图和密度分布图组合而成的图，纵坐标代表信息传递值的取值，横坐标表示符号、情绪、情境三维度信息的种类，横坐标防线宽度表征当前数据分布密度，宽度与数据分布密度成正比关系。以符号信息为例，取值范围在 0—0.2 之间时，数据图形显示出的横向坐标最宽，说明这一范围数据分布密度最大。而且由图中可知，符号信息的信息传递值分布较为均匀，意味着用户要么全部接受要么全部否认上级用户发布的信息，主要因为该突发事件出现后一直引起用户的热议；情绪信息的信息传递值趋高，表明下游用户更乐意以高信息传递值的比例传播情绪信息；情境信息的信息传递值分布较为均匀，表明无论在何种信息传递值的比例中，情境信息一直在被传递，说明可能用户在新媒体环境下更容易受到情境感染。

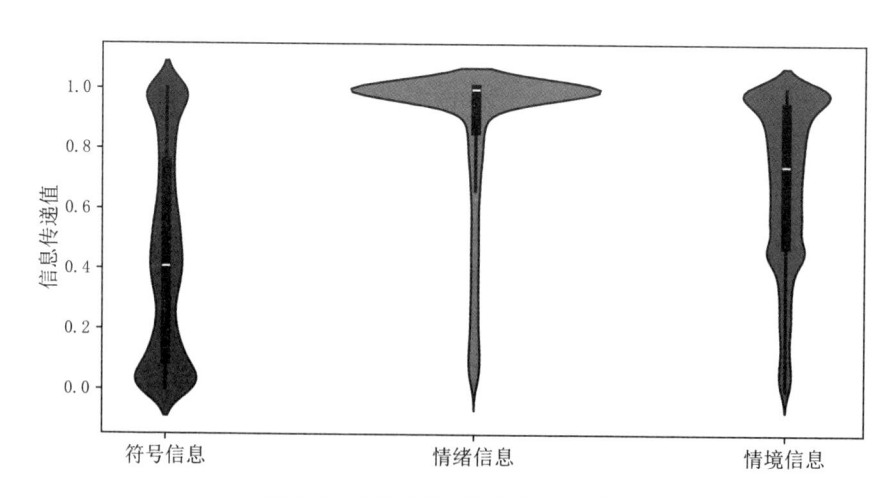

图 5-2　三维度信息传递的小提琴图

2. 媒体信息流的交互演化特征

实验结果发现，如图 5-3 所示，本次突发事件中出现五个信息辐散和叠聚的转折点，同时能看出用户数量快速变化的四个时期。在信息传播过程中，信息叠聚状态在该突发事件的第一阶段有明显优势，符号信息与情境信息处于主导；第二阶段时，信息辐散状态占主导地位，符号信息与情绪信息处于主导；最后阶段时，信息辐散和叠聚之间的百分比未有明显差异，情境信息处于主导。

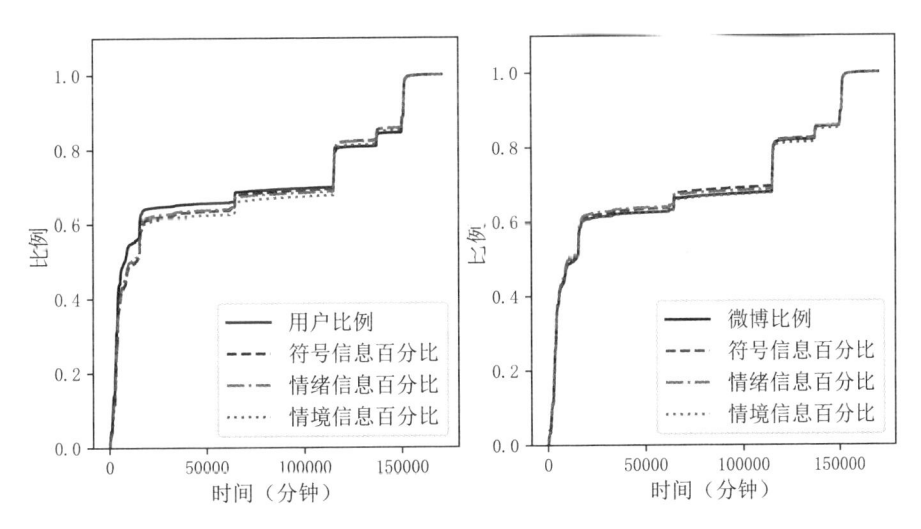

图 5-3 三维度信息视角下的信息"辐散—叠聚"状态图

通过对图 5-3 中信息"辐散—叠聚"状态的色散度计算可得到各维度信息的主导度数值，可参见表 5-6。

表 5-6 三维度信息"辐散—叠聚"度统计量

	符号信息	情绪信息	情境信息
均值	0.202	0.188	0.074
标准差	0.135	0.133	0.119

续表

	符号信息	情绪信息	情境信息
方差	0.018	0.018	0.014
极大值	0.368	0.368	0.368
极小值	0	0	0

根据三维度信息在不同阶段是否为主导信息的计算也可得到各阶段信息主导占比情况，可参见表5-7。

表5-7 各阶段各维度主导信息百分比

	引起注意	选择立场	做出判断
符号信息	0.34	0.34	0.32
情绪信息	0.33	0.34	0.33
情境信息	0.33	0.32	0.35

四、结果分析

（一）媒体信息流交互演化中信息的"辐散—叠聚"度与事件发展的关系

本次实例分析中突发暴力事件信息流演化经历了五个转折点，意味着新媒体中主流媒体信息流在传播过程中辐散与叠聚状态发生了改变，这种改变与事件演变发展密不可分。第一转折点即为引起注意阶段，信息在此阶段表现出较低辐散与叠聚度，信息演化处于符号信息与情境信息的叠聚状态，整个事件在此阶段的传播内容主要以事件本身报道为主；第二转折点和第三转折点都处于选择立场阶段的早期，因为突发暴力事件造成了较为恶劣的影响，促使用户爆发了许多不满情绪，此阶段信息辐散度较高，符号信息、情绪信息、情境信息复合信息成分单一，信息流交互演化为以情绪信息为主的辐散状态；第四转折点和第五转折点处于选择立场的后期，也为该事件处理的尾声阶段，信息辐散度低，信息流演化处于叠聚状态，主流媒体传播内容以事件的后续报道为主。

（二）不同传播阶段与主导信息的关系

主导信息在媒体信息流的每个传播阶段占据较大比例权重值，每一阶段主导信息能反映该阶段用户的关注点及其信息需求。在突发暴力事件发展的三阶段中，引起注意阶段，事件传播内容主要是有关暴力人数、事故救援、事故责任预测等有关事件的客观信息通报，此时，符号信息是主要信息并伴随情境信息得以被动传播，且情绪信息处于沉默状态。选择立场阶段，信息流呈现的主要是对该事件的交流，夹杂着用户情绪展开对暴力行为的不满、对见义勇为行为的称赞等信息的热议，显然此时情绪信息为主导。做出判断阶段，信息流传播的内容以该事件跟进报道为主。该信息多在具有相似情境的用户间传播较多，所以情境信息占主导。

五、总结与展望

本研究通过借鉴光学色散理念构建了多模态融合的主流媒体信息交互演化模型，能对新媒体环境下主流媒体信息传播的本质变化及符号、情绪、情境三维度信息之间的交互演化状态加以识别和量化。一是剖析三维度信息交互演变规律，明晰主流媒体信息融合传播效应及规律，对新媒体环境下网络舆情预测与监管具有实践指导意义。既可针对单一模态信息进行监测，提高预测的精准度与可靠性，又能针对多模态复合信息预测出不同模态下信息交互演化的关键传播节点和未来传播效能走势，还可以对叠加后的信息传播路径与模式进行识别。二是从单模态、多模态及复合叠加模态考量新媒体环境下主流媒体信息传播模式，厘清主流媒体的不同模态信息在新媒体环境中所引发的用户交互行为与方式，挖掘出其相关的数据资源，并将此作为多模态媒体信息传播力效能分析的重要原料，通过交互信息对新媒体环境下主流媒体信息交互演化模式进行捕捉，完成内容信息与用户交互信息的效果反馈，以此反哺于主流媒体传播力绩效评测体系的设计。

第三节　多渠道接触的界面传播效率实证

深度媒介化时代，跨屏、跨平台等传受方式激活了移动界面的交互传播。电视媒体的高渗透率、网络媒体的高接触率以及社交媒体的关系链传播，进一步延续和增强了主流媒体传播的新活动，这为其媒介内容价值增值提供了新途径，也唤起了主流媒体对多渠道接触界面传播效率综合评价的渴望。随着融合传播、跨屏传受的日益普及，建立交互界面的主流媒体传播效率体系，既是客观之需，也是推动主流媒体转型的有力抓手之一。

目前，从主流媒体融合传播效果评价的实践来看，新媒体的融合力是广电媒体评估的重要参量，但以局部应用实例为主的传播效果考评机制，缺乏系统化、标准化、常态化的评价机制。已有一些主流媒体入驻微博、微信、今日头条等新媒体设立官方账号，但大部分主流媒体移动端的运营仍处于从属状态，无法融合内容生产，推进媒体信息的内容生产流程再造。面对各种层出不穷的大小数据，无论是传统意义上的收视率、发行量，还是新媒体点击量、日活量以及诸如百度指数、微博指数等新媒体指数数据，要想有效对接大小数据，将多层级、多类型数据进行科学合理融合，必然需要建立对传受交互界面多指标、多数据源、多粒度的科学评价体系，以便及时把握新媒体传播规律，调动互联网内容的生产与转化，促使主流媒体在多元发展图景下传播力、引导力、影响力、公信力的持续提升。

一、多渠道接触界面的传播效率评价的现状

迄今为止，有关主流媒体跨屏、跨媒体传播效果评价的相关研究，多以电视和网络的不同屏端、不同渠道研究为主，涉及的内容主要包括新旧媒体维度和行为心理维度两方面，具体的评价模式可归纳为以下三类。一是大综合的评价模式，即以新旧媒体结合、旧媒体为主导。也就是在传统广电媒体评价体系中加入互联网平台的受众视听情况。从行为心理和主客观两方面将新旧媒体评价要素进行打包，以多维一体的形式，对台网传播效果进行全面综合测度。如央视市场研究股份有限公司对各省级卫视建立综合评价体系。这类评价模式以旧媒体评价指标为主，辅以新媒体评测指标，即在原有体系中纳入新媒体触发率和网络传播力等少量指标。二是大分离和小综合的评价模式。显然是一套除旧布新的模式。它将新旧媒体评价维度分离，在不涉及传统电视收视情况的基础上，仅考察广电媒体在互联网上的传播情况，同样也涉及行为心理和主客观等指标。如电视媒体网络影响力、网络人气指数。三是大综合和小分离的评价模式。这一模式是将新旧媒体分开进行效果评价，也会综合新旧媒体的效果评价，但都是单维度考察，只关注客观行为指标，不涉及或较少涉及主观心理情感指标。比如央视媒体融合效果评价的网络传播力指标体系。

以上三种模式都运用了多项指标，建立统一路径、结构开放的评价体系，在一定程度上反映出多源异构界面传播效果评价发展的不同阶段性特点。而这三类评价模式并非绝对对立或彼此区隔，实质上存在一定的交叉，在某种升维或降维后可相互转化。第二类评价模式不涉及新旧媒体跨越，其余两类都融合了新旧媒体效果评价的因素。

跨屏、跨媒体传播效率评估，不仅涉及信息流和受众流的跨越，还包

括传播者与受众之间的互动。因此，接触界面传播效率评价，对于信息流的特点、交互情况、用户心理感知等的考察，都将是以多屏、多平台交互为基础，由此对这些相关变量及其关系进行把握和评判。

二、多渠道接触界面的传播效率评价指标体系构建

多渠道接触界面与一般的界面有明显的差别。其信息交互的目标是促进传受间信息跨屏、跨媒体的交互，构建一套涵盖线上线下、主客观、行为心理等多种指标的综合性量化评估系统，旨在促进主流媒体跨屏、跨媒体传播中媒体信息内容创新和媒体渠道重构。

在接触界面信息交互过程中，用户对媒体信息的交互越频繁，交流的信息内容越丰富多样，表示信息交互过程越畅通，也反映出接触界面信息交互水平越高。多渠道接触界面的传播价值尺度在于增强社会成员间的信息流动性（信息流速）、扩大人们社会实践的自由度（信息频度）、提升人们对主客观世界的把控能力（信息幅度）。同时，在新旧媒体接触界面的交互过程中，产生超越原有媒介信息的叠加效应，促使跨媒体之间信息的扩散，并不断激发新信息的聚合、再造和增值。可以认为，界面交互带来知识流量与存量，即公域流量与私域流量接通，并产生信息转动、激活、渗透、联通等效应。多渠道交互界面的传播最终需要使有价值的媒体信息能为人们所看见、看下去、看懂并能用，也就是信息触达的表征。而有价值的媒体信息表征了主流媒体需要始终坚持的立台之本便是信息内容的高专业度、高质量。此外，在接触界面的传播中，参与信息交互的用户对多渠道接触界面交互效果产生情感满意度，并能对主流媒体信息充满信任感，乐意持续参与信息交互与分享过程，从而使主流媒体可以更好地实现对用

户思想的规范和对价值观的引导。基于此，本研究在现有研究基础上，结合多渠道接触界面的信息传播特征，考虑跨屏、跨媒体的交互过程、结果及用户交互感知，从信息交互水平、信息流量与存量、信息利用程度、用户交互感知等四个维度构建多渠道接触界面的传播效率评价指标体系，如图 5-4 所示。

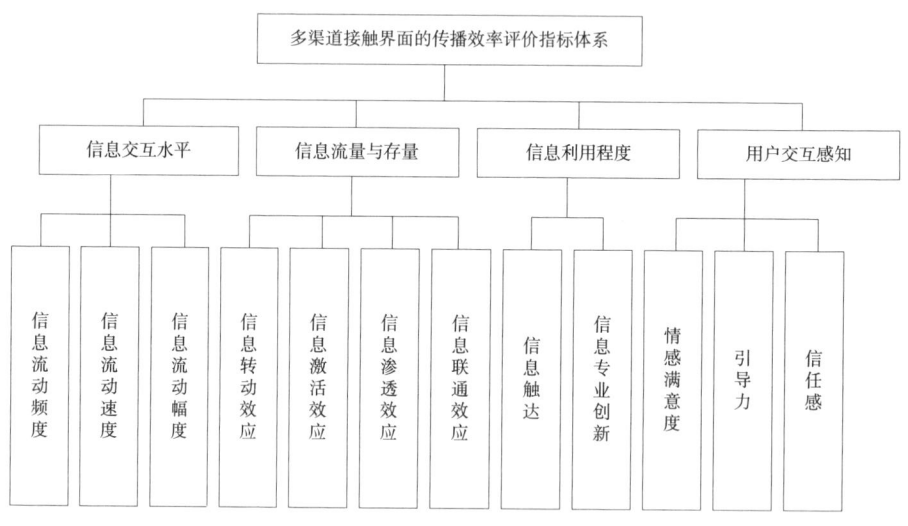

图 5-4 多渠道接触界面的传播效率评价指标体系

三、评价方法选取及评价模型构建

（一）几种常用评价法的比较

综合评价方法是以不同的评价目标为中心，灵活选取适应的评价形式，借助某些评价方法，将拟选择的多个评测指标和因素转化为能客观反映研究对象总体特征的核心信息。目前常见的综合评价法概括起来包括四类：客观评价法、主观评价法、主客观评价法以及智能评价法。客观评价法是指依据数据驱动完成对研究对象的评价，不涵盖任何人为因素。这类方法对数据的准确性要求较高，要求数据反映的都是明确的、可靠的信息，从而导致评价结论与标准、测度指标间的关联性较差。这类方法的典型代表有复相关系数法、熵权法等。主观评价法则主要以主观判断来评估研究对象。这类方法因过于依赖人为的主观判断，所以得到的评测结论往往极其不稳定或偏差较大。这类方法的主要代表有层次分析法、德尔菲法等。主客观评价法是将前两者相融合的优化评价方法。但这类方法在应用过程中难以完全排除主观评价法和客观评价法存在的劣势，致使评测结论不尽如人意。其典型代表有模糊评价法、系统仿真评价法等。智能评价法是对主客观评价法改进优化的评价方法，不单融合了主客观评价法的优势，又尽可能有效地排除主客观评价法的劣势。在评价过程中首先利用主观评价法处理样本数据，剔除不可靠的数据，无须考虑样本研究数据的先验知识，真实客观地反映数据集隐含的有价值信息，排除了主观评价法中的不足，使得评估结论科学有效。该方法的典型代表是粗糙集方法。

（二）引入粗糙集评价法的优势

在多渠道接触界面的传播效率评价中，由于受多方面因素影响，使得评估过程出现各种不确定性。例如，用户对跨屏、跨媒体交互界面信息交互效果的感知是不确定的，用户对多渠道接触界面的信息交互过程、信息流量与存量以及交互的信息利用水平的好坏也不确定；传播效率评价指标构成的方法多样性、维度多层面，造成评价指标的不确定性，而用户给出的评分值也不确定；等等。所以这样造成的传播效率评价中的不确定性将会导致评价结果的误差。本研究尝试引入粗糙集方法对多渠道接触界面的传播效率评价数据进行分析，对被分析的测度数据全面地分析处理，获取所得知识不确定性的程度。加之，粗糙集方法无须依赖样本数据的先验知识，可以在保持整体评价指标分类有效不变的情境下，自动筛选恰当的评价指标，简化冗余评价指标，这一推理过程不仅易于检验，而且更易于理解和反映现实状况。由于不同平台、不同屏端媒体信息的结构特征不同，用户的知识构成背景存在差异，给多渠道接触界面的传播效率评价指标选择和用户对信息交互效果感知的比较带来了极大困难。因此，为解决多渠道接触界面的传播效率评价指标体系的适应性问题，引入粗糙集方法，可以对各方面差异明显的不同渠道用户交互感知效果测评数据进行分块分析，获取在不同渠道的不同指标及其权重，使得评价结果具有较为理想的适应能力。此外，从多渠道接触界面的传播效率评价指标体系来看，它是一个结构和功能极为复杂的系统，其实践操作的便捷与实用是本研究开展评价工作的重要问题。引入粗糙集方法，可以直接构造界面传播效率评价数据集本身的最终评价指标体系及其权重，无须额外的辅助数据集，且能保证评价指标及其权重确定操作的便捷性，大大提高了界面传播效率评价模型的实效性。

（三）基于粗糙集评价模型的构建

1. 粗糙集条件信息熵

1982 年，帕拉克（Pawlak）指出粗糙集理论是对不确定性、不完备性以及不精确性的数据进行有效推理的数学工具[1]。代数观点认为，粗糙集是基于不可分辨关系，引入上、下近似集进行集合运算来定义的，这一观点下的粗糙集概念及其运算直观性比较差，不易被人们所理解。信息论观点认为，粗糙集是基于信息熵的信息不确定性与概率测度视角来解析信息源

---

[1] PAWLAK Z. Rough sets [J]. International journal of computer & information sciences, 1982, 11 (5): 341-356.

的不确定度[1]。本研究主要从信息论观点来构造基于粗糙集条件信息熵的层次式智能化评价模型。

定义1[2]：设定一个决策表为 $S=(U, A, V, f)$，其中 U 是一个不能为空的、所有有限个研究对象组成的全域或论域的集合，A 是由条件属性集合 C，以及决策属性集合 D 共同构成的不为空的、有限的属性集合，也就是说 $A=C \cup D$；V 表示属性的值域，如属性 a 的值域可以用 V_a 表示，即 $V=\bigcup_{a\in A} V_a$；f 是指给每个研究对象各属性赋值的映射函数，可表示为 $f: U \times A \rightarrow V$。

定义2[3]：设定全域 U，若存在 $B \subseteq A$，其中 B 是不为空的属性集合，B 中所有等价关系交集上称为 B 的不可区分关系，可简记为 $IND(B)$，这是一种唯一的等价关系，用公式表示为：

$$IND(B)=\{(u_i, u_j) \in U^2 \mid \forall b \in B, f(u_i, b)=f(u_j, b)\} \quad \text{公式1}$$

定义3[4]：设定决策表 S，对于每个子集的集合 X 来说，如果存在 $X \subseteq U$，而且 X 是非空集合，那么对于集合 X 在属性集合 $B \subseteq A$ 的情况下，存在的上、下近似集合分别表示为：$\overline{B}(X)$ 和 $\underline{B}(X)$。两个子集用公式表示为：

$$\overline{B}(X)=\{u_i \in U \mid [u_i]_B \cap X \neq \varnothing\} \quad \text{公式2}$$

$$\underline{B}(X)=\{u_i \in U \mid [u_i]_B \subseteq X\} \quad \text{公式3}$$

其中，以上两公式中 $[u_i]_B$ 是一个等价关系，表示为 $\{u_j \mid (u_i, u_j)$

---

① 朱红灿.基于优化粗糙集的政府信息公开公众满意度测评研究［D］.湘潭：湘潭大学，2011：43.
② 鲍新中，张建斌，刘澄.基于粗糙集条件信息熵的权重确定方法［J］.中国管理科学，2009，17（3）：131-135.
③ 朱红灿，陈能华.粗糙集条件信息熵权重确定方法的改进［J］.统计与决策，2011（8）：154-156.
④ 谭旭，唐云岚，陈英武.基于粗糙集的区间型数据离散化算法［J］.系统工程理论与实践，2009，29（6）：157-165.

∈IND(B)}，$\underline{B}(X)$ 又称为 X 的 B 正域，即为 $POS_B(X)$，$\overline{B}(X)$ 称为 X 的 B 负域，即为 $neg_B(X)$。

定义 4[①]：设定决策表 S，如果有 B 真包含条件属性 C，记为 B⊆C，而且存在 Y 属于 U/IND(D)，其中 U/IND(D) 表示决策属性集 D 上的不可区分关系 IND(D)，该关系域构成全域 U 的一个划分。最后得到决策属性 D 的 B 正域用公式表示为：

$$POS_B(D)=\bigcup_{Y\in U/IND(D)}\underline{B}(Y) \qquad 公式\ 4$$

定义 5[②]：从信息论视角，设定决策表 S，如果存在 U/IND(C)={X_1, X_2, X_3, ⋯, X_i}，以及 U/IND(D)={Y_1, Y_2, Y_3, ⋯, Y_j}，那么，研究对象的全域集合 U 在条件属性集合 C 下对应于决策属性集合 D 划分的信息熵用公式表示为：

$$I(D|C)=-\sum_{s=1}^{i}\frac{Card(X_s)}{Card(U)}\times\sum_{k=1}^{j}\frac{Card(Y_k\cap X_s)}{Card(X_s)}\times\log_{10}\left(\frac{Card(Y_k\cap X_s)}{Card(X_s)}\right) \qquad 公式\ 5$$

公式 5 中 Card(*) 表示各集合中元素个数。

定义 6[③]：设定决策表 S，其中 c 是属于条件属性中的子集合，从而求得其粗糙集信息熵的重要度用公式表示为：

$$SGF(c)=I(D|C)-I(D|C-\{c\}) \qquad 公式\ 6$$

2. 基于粗糙集条件信息熵的层次评价模型构建

本研究多渠道接触界面的传播效率评价的实证流程为：构建评价指标体系→明确界面传播效率测评对象→问卷设计→调研样本数据的收集与处理→基于粗糙集的智能评测结论及其分析。在该过程中，基于粗糙集的评

---

① 郑学敏．一种基于粗糙集理论的多指标综合评价方法［J］．统计与决策，2010（5）：37-39．
② 周志远，沈固朝．粗糙集理论在情报分析指标权重确定中的应用［J］．情报理论与实践，2012，35（9）：61-65．
③ 高维春，谭旭．决策属性未知下的学生评教粗糙集分析［J］．计算机工程与应用，2012，48（9）：238-241．

价结果分析包括两个核心内容：其一，通过前一小节定义的粗糙集条件信息熵权重优化法来明确多渠道接触界面的传播效率评价指标的权重值；其二，将获得的评价指标权重值作为界面传播效率的影响因素添加到标准评价表中，计算出最终的界面传播效率的评价值。

结合具体实践背景，本研究将多渠道接触界面的传播效率评价指标体系划分成一级和二级指标的条件属性集合。根据定义 1 中对决策表 S 的条件属性指标集合 C 的描述，我们将界面传播效率的一级指标的条件属性集合设定为 $C=\{C_1, C_2, \cdots, C_n\}$，而一级指标属性集合下包含诸多二级指标条件属性集合，将它们表述为 $C_n=\{C_{n1}, C_{n2}, \cdots, C_{nv}\}$。如果存在 u_i 属于 U，那么该研究对象对应的二级指标条件属性集合 C_{nv} 的评分值可设定为 l_{nv}^i。智能评价模型的详细实现流程如下：

（1）原始数据表的构建

以多渠道接触界面的传播效率最终评价指标体系为基础，拟设调查问卷，采用专家访谈与调查问卷双重收集体系获取原始数据集，进而开展数据的预处理以及离散化处理，构建出界面传播效率评价原始数据表。

一般而言，由于不同的评价指标的数据级与量纲存在差别，为保证决策表中评价数据之间的关系一致性，通常需要进行一致化处理，以便消除各测度数据属性关系之间的不可公度性。较为常见的评价指标属性的类型有成本性、效益型以及特定的最优值等三种取值属性，由于粗糙集处理的数据必须是离散化的，所以需要对以上三类数据值进行离散化前的一致性处理。因为本研究得到的数据是非连续的测度数据集，所以可以直接采用等距离方法对我们获取的数据值进行离散化处理[1]，主要包括以下步骤：

其一，对于条件指标属性集合 C_{nv} 进行离散化处理时，得到的取值长

---

[1] 岳超源. 决策理论与方法 [M]. 北京：科学出版社，2003：193-196.

度测度可运用以下公式展开计算：

$$l_{nv}^{*} = \frac{\max\left(l_{nv}^{*}\right) - \min\left(l_{nv}^{*}\right)}{s} \qquad 公式7$$

公式7中，l_{nv}^{*} 表示集合区间的取值长度，max(*)、min(*) 分别代表条件指标属性集合 C_{nv} 中的最大和最小测度评价值，s 指经离散化后的区间的个数。

其二，关于研究对象 u_j，计算其条件指标属性集合 C_{nv} 下的离散化处理结果公式为：

$$r_{nv}^{j} = <\frac{l_{nv}^{j} - \min\left(l_{nv}^{j}\right)}{l_{nv}^{*}}> \qquad 公式8$$

式中 r_{nv}^{j} 指代研究对象 u_j 在条件指标属性集合 C_{nv} 下离散后的取值，而 <*> 指将离散化后的结果向上取整数。

（2）相关决策表的建立

在利用粗糙集处理实际获取的数据并加以解析时，通常需要满足决策表中获得的实践数据的属性值是离散值，若决策表的条件属性值或决策属性值有连续型数据，则必须进行离散化处理。尽管我们采集到的界面传播效率测度数据均非连续型数据集，但对于用户交互感知满意度和传播效率认可度的评价难免呈现出高度有偏分布的情况，因而我们采取10分量表缓解有偏分布对界面传播效率评价模型效度的影响。为了纠正有偏分布，确保获得的数据集规则泛在化能力保持不下降，有必要对界面传播效率评价数据进行离散化处理。

将前面构建的原始数据表进行离散化处理之后，生成标准的决策信息表 $S= (U, C, D, V, f)$，其中 U 表示各类主流媒体组成的集合，$U=\{A_1, A_2, A_3, ..., A_m\}$，评价指标的条件属性指标集合用 C 表示，记为 $\{C_1, C_2, C_3, ..., C_n\}$，决策指标集合用 D 表示，简记为 $\{d_1, d_2, \cdots, d_t\}$，$V$ 指代评价指标值域的集合，f 是每个界面传播效率的每项评价指标的评价值。

（3）评价指标权重求取

将粗糙集条件信息熵的权重优化法引入多渠道接触界面的传播效率智能评价分析中。考虑到实践应用时，待评价的界面传播效率的数据规模较小，而评价指标集较大，这样致使获得的原始测评数据与复杂的评价指标体系之间的构成不协调，所以本研究在评价指标权重求取过程中，考虑对界面传播效率评价的一级指标集合进行分块处理，然后以层次式方法逐个计算对应的二级指标的客观权重值，同时也解决了小样本数据问题的求解。

首先，对界面传播效率评价的一级指标局部分块下各二级指标的客观权重进行计算。

第一步：依次选取决策表 S 下的界面传播效率评价的一级指标 C_n，其中 $n=1, 2, \cdots, t$。在求取研究对象各主流媒体集合 U 在一级指标 C_n 局部条件属性分块得到的划分结论 $U/IND(C_n)$ 及其在决策属性的划分结论 $U/IND(D)$，然后根据公式 5 计算出决策属性对条件属性 C_n 的信息熵 $I(D|C_n)$；

第二步：选取界面传播效率的一级指标 C_n，依次删除该一级指标下各二级指标的条件属性集合 C_{nl}，其中 $l=1, 2, \cdots, s$。然后求得剔除后的指标属性划分结果 $U/IND(C_n-\{C_{nl}\})$，同样根据公式 5 计算出决策属性对剔除后的条件属性 $C_n-\{C_{nl}\}$ 的信息熵 $I(D|C_n-\{C_{nl}\})$；

第三步：针对界面传播效率一级指标 C_n 局部分块下各二级指标的条件属性集合 C_{ns}，根据公式 6，求取的相对重要度为：$SGF(\{C_{nl}\})=I(D|C_n)-I(D|C_n-\{C_{nl}\})$；

第四步：针对界面传播效率一级指标 C_n 局部分块下各二级指标的条件属性集合 C_{nl}，求取得到其相对权重值为：$\omega(C_{nl})=\dfrac{SGF(\{C_{nl}\})}{\sum\limits_{l=1}^{s}SGF(\{C_{nl}\})}$。

其次，对界面传播效率评价的各一级指标权重进行求取。

第一步：求取研究对象各主流媒体集合 U 在各评价指标组成的条件属性集合 C 和决策属性 D 上的划分结论分别为 $U/IND(C)$ 和 $U/IND(D)$，并且依次删除界面传播效率评价指标构成的条件属性集 C 下各一级指标 C_n 后的划分结论为 $U/IND(C-C_n)$；

第二步：按照公式 5 计算得到决策属性集对条件属性集的条件信息熵为 $I(D|C)$，并且依次求取决策属性集对删除后的条件属性指标 C_n 集合的条件信息熵 $I(D|C-C_n)$；

第三步：按照公式 6 求得界面传播效率评价一级指标 C_n 信息熵意义的重要度为：$SGF(C_n)=I(D|C)-I(D|C-C_n)$；

第四步：求得界面传播效率评价各一级指标 C_n 的权重值为：$\omega(C_n)= \dfrac{SGF(C_n)}{\sum_{l=1}^{s} SGF(C_n)}$。

（4）评价值的计算

依据上述界面传播效率评价指标权重确定方法，得到相关决策表的各测评指标权重系数，然后对原始数据表的评价指标集进行加权求和算出综合评价结论。具体包括两个步骤：

第一步：根据上述步骤求得界面传播效率评价二级指标的相对权重以及各一级指标的权重值，计算得到全局意义的评价指标集的最终权重为：$\bar{\omega}(C_{nl})=\omega(C_n)\times\omega(C_{nl})$；

第二步：根据最终权重计算各待评价主流媒体 $K_j=\sum_{n=1}^{t}\sum_{l=1}^{s}\bar{\omega}(C_{nl})\times l_{nl}^{j}$。

四、评价方法的应用

（一）研究对象的选取

为进一步验证基于粗糙集条件信息熵的多渠道接触界面的传播效率评价体系的有效性与可行性，本研究选取用户关注较多的 10 家主流媒体作为实践应用对象，分别为：湖北广播电视台、中央广播电视总台、广东广播电视台、河南广播电视台、江苏省广播电视总台、浙江广播电视集团、北京广播电视台、上海广播电视台、湖南广播电视台、山东广播电视台。依据前文构造的多渠道接触界面的传播效率评价体系，采用恰当的统计分析软件与 MATLAB 编程相结合对获取的有效样本数据进行解析，以此来检验评价指标体系的合理性，以及粗糙集条件信息熵智能评价模型的有效性。

（二）数据的收集与处理

在实证应用中，若要对所选取的 10 家主流媒体的界面信息交互情况进行全面、客观的评价，则必须对调研获取的原始数据进行严格处理。我们通过当面调研与电子邮件调研两种方式共发放问卷 180 份，除了未返回的问卷和回答无效的问卷，共获得有效问卷 158 份，有效回收率 87.78%。另外，我们还在 10 家主流媒体中各访问了 2 位资深用户，使十深人丁解各媒体多渠道交互界面的信息交互实际效果。

根据本次采集的 158 份有效数据样本，构建基于粗糙集条件信息熵的多渠道接触界面的传播效率评价模型来刻画用户对界面信息交互效率评价的问题，具体的测评过程包括界面传播效率评价原始数据表的构建、测度决策表的建立、评价指标权重的计算、评价结论的计算等。

1. 原始数据表的构建

设由10家主流媒体构成的集合为 U={ 湖北广播电视台、中央广播电视总台、广东广播电视台、河南广播电视台、江苏省广播电视总台、浙江广播电视集团、北京广播电视台、上海广播电视台、湖南广播电视台、山东广播电视台 }，简记为 $U=\{A_1, A_2, A_3, \cdots, A_{10}\}$，条件属性指标集合为各二级评价指标集，C={ 信息流动频度、信息流动速度、信息流动幅度、……、信息触达、信息专业创新 }，简记为 $C=\{C_{11}, C_{12}, C_{13}, C_{21}, \cdots, C_{24}, C_{31}, C_{32}\}$，用户对界面传播效率认可度为情感满意度、引导力、信任感三个变量的平均分，简记为 $D=\{d\}$。根据这12个评价指标，158位用户分别对10家熟悉的主流媒体界面传播效率的认可度评价指标打分，1表示非常不认可、10表示非常认可。每个主流媒体每个评价指标的分值为非常熟悉该主流媒体的用户对其相关指标的评判打分的加权平均分。用户分别对其熟悉的10家主流媒体界面传播效率认可度进行评价的原始数据表，如表5-8所示。

表5-8 界面传播效率认可度评价的原始数据表

主流媒体	条件属性指标集合C									决策指标D
	C_1			C_2				C_3		
	C_{11}	C_{12}	C_{13}	C_{21}	C_{22}	C_{23}	C_{24}	C_{31}	C_{32}	
A_1	8	7	8	6	7	5	4	5	7	6
A_2	5	7	4	8	6	5	8	8	9	4
A_3	8	4	7	5	6	7	4	6	8	5
A_4	6	9	5	7	6	4	7	9	5	7

续表

主流媒体	条件属性指标集合C									决策指标D
	C_1			C_2				C_3			
	C_{11}	C_{12}	C_{13}	C_{21}	C_{22}	C_{23}	C_{24}	C_{31}	C_{32}	
A_5	8	6	7	7	7	5	5	5	7	9
A_6	6	6	8	5	7	4	4	9	5	7
A_7	5	7	4	6	7	7	8	6	5	5
A_8	6	8	7	9	7	5	9	4	7	7
A_9	7	7	6	7	5	6	9	5	7	8
A_{10}	9	5	6	5	7	6	5	5	6	5

2. 原始数据表的离散化处理

鉴于粗糙集方法只能处理离散化数据，所以需要将原始数据集进行离散化处理，进而转化为标准的决策表形式，即 $S=(U, C, D, V, f)$，其中 U 代表学术社交网络集合，C 为条件属性指标集合，D 是决策指标集合，V 指评价指标值域的集合，f 是每个主流媒体界面传播效率的每项评价指标的评价值。本研究采用等距离散法，对调研获取的原始数据集进行预处理[①]：0 表示大于 3 小于或等于 5 的指标得分，1 表示大于 5 小于或等于 7 的指标得分，2 表示大于 7 小于或等于 10 的指标得分。决策属性值中 2 代表高，1 代表中，0 代表低。经离散化后，原始数据表转化得到的决策表，如表 5-9 所示，表中对应的主流媒体集合为 $U=\{A_1, A_2, A_3, \cdots, A_{10}\}$，条件属性指标集合为 $C=\{C_{11}, C_{12}, C_{13}, C_{21}, \cdots, C_{24}, C_{31}, C_{32}\}$，决策指标集合为 $D=\{d\}$。

---

① 毛太田，肖锏，谭旭，等.基于粗糙集理论的地方政府信息资源配置评价研究[J]. 情报杂志，2013，32（9）：116-122.

表5-9 界面传播效率认可度评价的决策表

主流媒体	条件属性指标集合C									决策指标D
	C_1			C_2				C_3		
	C_{11}	C_{12}	C_{13}	C_{21}	C_{22}	C_{23}	C_{24}	C_{31}	C_{32}	
A_1	2	1	1	1	1	0	0	0	1	1
A_2	0	1	2	2	1	0	2	1	2	0
A_3	2	0	1	0	1	1	0	0	1	0
A_4	1	2	0	1	1	0	1	2	0	1
A_5	2	1	1	1	1	0	0	0	1	2
A_6	1	1	2	0	1	0	0	2	0	1
A_7	0	1	0	1	1	1	2	1	0	0
A_8	1	2	1	2	1	0	2	0	1	1
A_9	1	1	1	1	0	1	2	1	1	2
A_{10}	2	0	1	0	1	1	0	1	0	0

3. 评价指标权重计算

分别以"信息交互水平""信息流量与存量""信息利用程度"为一级指标对决策表进行分块提取。首先单独提取"信息交互水平"一级指标下的各评价指标值，得到局部决策表，如表5-10所示。

表5-10 "信息交互水平"一级指标下的局部决策表

主流媒体	条件属性指标集合C			决策指标D
	C_1			
	C_{11}	C_{12}	C_{13}	
A_1	2	1	1	1

续表

主流媒体	条件属性指标集合C			决策指标D
	C_1			
	C_{11}	C_{12}	C_{13}	
A_2	0	1	2	0
A_3	2	0	1	0
A_4	1	2	0	1
A_5	2	1	1	2
A_6	1	1	2	1
A_7	0	1	0	0
A_8	1	2	1	1
A_9	1	1	1	2
A_{10}	2	0	1	0

$I(D|C_1)=1/5\log_{10}2$

$I(D|C_1-\{C_{11}\})=3/10\log_{10}3$

$I(D|C_1-\{C_{12}\})=4/5\log_{10}2$

$I(D|C_1-\{C_{13}\})=2/5\log_{10}2$

$SGF(\{C_{11}\})=I(D|C_1)-I(D|C_1-\{C_{11}\})=1/5\log_{10}2-3/10\log_{10}3$

$SGF(\{C_{12}\})=I(D|C_1)-I(D|C_1-\{C_{12}\})=-3/5\log_{10}2$

$SGF(\{C_{13}\})=I(D|C_1)-I(D|C_1-\{C_{13}\})=-1/5\log_{10}2$

计算"信息交与水平"一级指标下各二级指标的相对权重值为：$\omega(C_{11})=0.273$，$\omega(C_{12})=0.531$，$\omega(C_{13})=0.196$。

同理，提取"信息流量与存量"一级指标下的各评价指标值，得到局部决策表，如表5-11所示。

表5-11 "信息流量与存量"一级指标下的局部决策表

主流媒体	条件属性指标集合C				决策指标D
	C_2				
	C_{21}	C_{22}	C_{23}	C_{24}	
A_1	1	1	0	0	1
A_2	2	1	0	2	0
A_3	0	1	1	0	0
A_4	1	1	0	1	1
A_5	1	1	0	0	2
A_6	0	1	0	0	1
A_7	1	1	1	2	0
A_8	2	1	0	2	1
A_9	1	0	1	2	2
A_{10}	0	1	1	0	0

$I(D|C_2)=2/5\log_{10}2$

$I(D|C_2-\{C_{21}\})=3/10\log_{10}3+1/5\log_{10}2$

$I(D|C_2-\{C_{22}\})=3/5\log_{10}2$

$I(D|C_2-\{C_{23}\})=3/10\log_{10}3+1/5\log_{10}2$

$I(D|C_2-\{C_{24}\})=3/10\log_{10}3$

$SGF(\{C_{21}\})=I(D|C_2)-I(D|C_2-\{C_{21}\})=1/5\log_{10}2-3/10\log_{10}3$

$SGF(\{C_{22}\})=I(D|C_2)-I(D|C_2-\{C_{22}\})=-1/5\log_{10}2$

$SGF(\{C_{23}\})=I(D|C_2)-I(D|C_2-\{C_{23}\})=1/5\log_{10}2-3/10\log_{10}3$

$SGF(\{C_{24}\})=I(D|C_2)-I(D|C_2-\{C_{24}\})=-2/5\log_{10}2-3/10\log_{10}3$

计算"信息流量与存量"一级指标下各二级指标的相对权重值为:

$\omega(C_{21})=0.327$，$\omega(C_{22})=0.258$，$\omega(C_{23})=0.327$，$\omega(C_{24})=0.087$。

继续单独提取"信息利用程度"一级指标下的各评价指标值，得到局部决策表，如表5-12所示。

表5-12 "信息利用程度"一级指标下的局部决策表

主流媒体	条件属性指标集合C		决策指标D
	C_3		
	C_{31}	C_{32}	
A_1	0	1	1
A_2	1	2	0
A_3	0	1	0
A_4	2	0	1
A_5	0	1	2
A_6	2	0	1
A_7	1	0	0
A_8	0	1	1
A_9	1	1	2
A_{10}	0	1	0

$I(D|C_3)=1/2\log_{10}5-2/5\log_{10}2$

$I(D|C_3-\{C_{31}\})=9/10\log_{10}3-1/5\log_{10}2$

$I(D|C_3-\{C_{32}\})=1/2\log_{10}5-3/5\log_{10}2+3/10\log_{10}3$

$SGF(\{C_{31}\})=I(D|C_3)-I(D|C_3-\{C_{31}\})=1/2\log_{10}5-1/5\log_{10}2-9/10\log_{10}3$

$SGF(\{C_{32}\})=I(D|C_3)-I(D|C_3-\{C_{32}\})=1/5\log_{10}2-3/10\log_{10}3$

计算"信息利用程度"一级指标下各二级指标的相对权重值为：

$\omega(C_{31})$=0.614，$\omega(C_{32})$=0.386。

最后，在整个决策表中分别提取"信息交互水平""信息流量与存量""信息利用程度"一级指标下所有二级可测指标，得出：

$I(D|C)$=0

$I(D|C-\{C_1\})$=1/5$\log_{10}$2

$I(D|C-\{C_2\})$=1/5$\log_{10}$2

$I(D|C-\{C_3\})$=1/5$\log_{10}$2

$SGF(\{C_1\})=I(D|C)-I(D|C-\{C_1\})$=−1/5$\log_{10}$2

$SGF(\{C_2\})=I(D|C)-I(D|C-\{C_2\})$=−1/5$\log_{10}$2

$SGF(\{C_3\})=I(D|C)-I(D|C-\{C_3\})$=−1/5$\log_{10}$2

由一级权重计算方法，得到"信息交互水平""信息流量与存量""信息利用程度"各一级指标的权重值为：$\omega(C_1)$=0.333，$\omega(C_2)$=0.333，$\omega(C_3)$=0.333。

将上述计算求得的二级指标相对权重值与一级指标权重值进行融合，可以计算得出二级指标的最终客观权重值为：$\bar{\omega}(C_{11})$=0.083，$\bar{\omega}(C_{12})$=0.186，$\bar{\omega}(C_{13})$=0.064，$\bar{\omega}(C_{21})$=0.109，$\bar{\omega}(C_{22})$=0.082，$\bar{\omega}(C_{23})$=0.109，$\bar{\omega}(C_{24})$=0.033，$\bar{\omega}(C_{31})$=0.217，$\bar{\omega}(C_{32})$=0.116。

（三）研究结论分析

根据上述结论，最终可计算得出10家主流媒体界面传播效率评价值分别为：K_1=7.123，K_2=7.587，K_3=6.838，K_4=7.479，K_5=6.575，K_6=7.144，K_7=6.962，K_8=7.436，K_9=7.565，K_{10}=6.778。

将上述评价值进行排序，最终得到10家主流媒体界面传播效率综合评价值的排序情况，如图5-5所示。

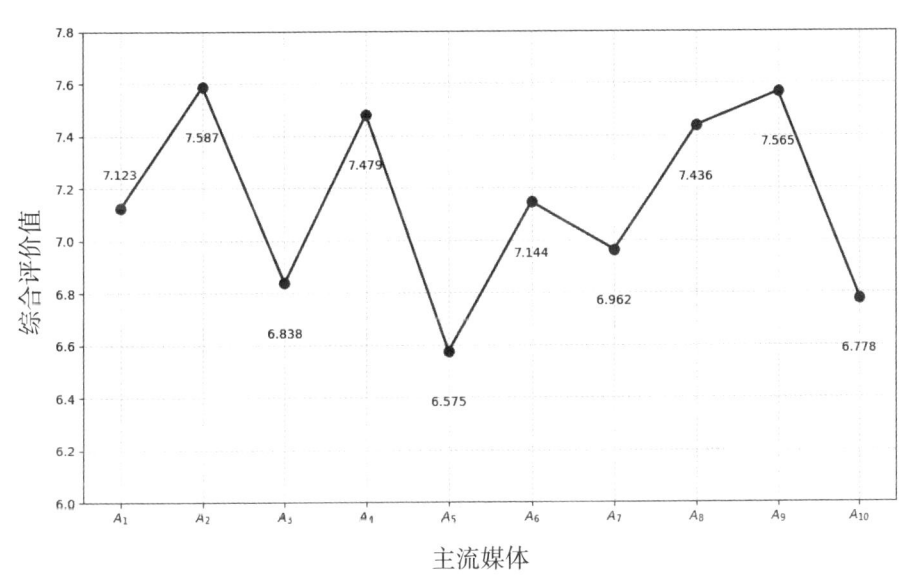

图 5-5　主流媒体界面传播效率综合评价图

由图 5-5 可知，10 家主流媒体界面传播效率综合评价值的排序依次为中央广播电视总台、湖南广播电视台、河南广播电视台、上海广播电视台、浙江广播电视集团、湖北广播电视台、北京广播电视台、广东广播电视台、山东广播电视台、江苏省广播电视总台。为了进一步检验本研究构建的基于粗糙集条件信息熵的多渠道接触界面的传播效率评价模型的合理有效性，我们还将评价结论与实际对主流媒体资深用户的调查结果进行了比较分析，发现主流媒体结合各圈层群体特点、接触媒介界面习惯、界面交互感知心理需求差异，从功能、内容、视觉布局等方面精准定位不同圈层用户，打造媒体内容和服务产品。在人工智能、AR、VR 等新兴技术的应用上，主流媒体通过技术赋能全媒体传播，推动了传播渠道、载体方式、传输手段等的创新，大幅提升了自有渠道的传播效能。

第六章
数智时代主流媒体传播力绩效的提升策略

互联网发展的"上半场"实质上是以"跑马圈地"为特征的规模经济模式主导下的流量（用户）之争。传统主流媒体受限于体制的约束、规模的限制（由于传统的条块分割，难以形成合纵连横式的大型集团）、技术的落后以及市场操控能力的迟滞，在这一轮的流量（用户）之争中明显落伍——无论是其市场份额还是其社会影响力都大大"缩水"。这就是人们所看到的传统主流媒体的"渠道失灵"、用户流失以及影响力衰退。而以BAT（百度、阿里巴巴、腾讯）为代表的互联网公司凭借其技术的领先优势、资本市场的强大支持以及高水平的市场洞察能力、市场感应的灵活操作力等因素抢占先机，完成了对于社会各要素的连接与再连接，进而形成了三大网络——内容网络、人际网络及物联网络等基础性的社会性连接，使互联网成为社会生活的基础设施，由此也占据了经济、社会、文化及政治影响力的高地。迄今为止，仅以传播领域而言，基于社交关系链的社交传播和基于大数据和AI技术的算法型内容推送已经占据全部社会传播的大半壁江山。正是在这种大背景下，党和政府提出了媒体融合的任务，旨在突破传统主流媒体影响力衰退、价值使命难以履行的现实困境。

问题的关键在于，传统主流媒体向着新型主流媒体进行转型的目标应该如何设定？是与那些提供互联网基础服务的平台型互联网企业正面竞争，分割出一块属于自己的平台领地，还是以它们（各互联网平台及其他互联网企业）为基础和"可供性"资源，另辟蹊径地完成自己的根本性角色使命？这是一个值得深度思考的问题，其重点在于在复杂性范式的导引下，以生态学的观点去寻找适合自己角色使命的"生态位"，赋能新型主流媒体传播效能发挥的价值基础实现路径。

第一节　点：赢得人心红利，赋能主流媒体传播效能的价值引领

曾几何时，赢得流量是互联网市场制胜的第一法则。但是，时过境迁，流量也成为明日黄花。流量的开源有赖于不断增长的市场规模。当市场的规模化发展进入增长的"天花板"的时候，人们只能将市场发展的重点转向市场的存量博弈。所谓存量博弈，具体到现在的互联网市场，就是从供给侧实施改革——从价值效能较低的、以争取人头（获客）为主的"流量模式"切换到价值效能高的、以争取人心为主的"品牌模式"。在新消费大背景下，选对新的方向，锁定新的赛道，创建新的品牌，本质上是依靠品牌力赢得新的市场空间和价值变现能力。而品牌力的内核恰恰是直击人心的价值的力量。价值的力量成为互联网市场的核心力量，这无疑是主流媒体作为价值媒体的巨大发展机遇之所在。

掌握人心红利就意味着掌握了互联网发展的新动能。这就需要我们对已经被"流量思维"严重带偏的传播之道进行重新思考。众所周知，流量的本质是注意力，品牌的本质是人心的契合度，注意力只能带来短期刺激，而人心的契合度才能带来持久的关注、选择和依赖。人心比流量更重要。尽管任何品牌都需要流量来帮助实现"触达"，但"唯流量论"则是一种舍本逐末的思维。赢得人心红利的基础是获得关系资源，以构建圈层，培养属于自己的粉丝。那么，作为以"内容为本"的主流媒体如何获得关系资

源呢？

一方面，用传播逻辑来重构社会过程，我们面临的任务将是对非内容传播的社会机制、社会效益有更多的认识和研究及在此基础上的创新应用。这就需要不断地积累传播专业经验，对非内容传播的实体产业的媒介化进程所需的连接性问题、连接性模式、连接性机制有更多的研究与创新。而归根结底，媒体为社会的媒介化所提供的最重要的关键性资源是关系资源。

而关系资源的积累和应用主要是利用内容的传播为激活和形成圈层、社群和社区提供最关键的底层关系资源。如现在快手所做的不仅仅是视频内容，而是通过内容穿针引线，激活社会关系，形成社会圈子和社区。这不同于抖音，抖音所做的是"做出好内容"，即把好内容通过算法、用户洞察，经过"大浪淘沙"，推荐给用户。而快手则不同，它的流量分配逻辑和算法运作目标，不是或者主要不是推出"好内容"，而是以内容为媒，激活每个账号参与者的主体意识，让他们感觉到这是"属于我的地盘"。其公域流量的分配与抖音不同——抖音只把流量赋予好的内容、优质的内容；而快手则对任何一个发送内容的人都分配至少300的流量。这个流量分配的算法逻辑是，根据用户彼此的职业相关性、年龄相关性、地域相关性、需求与趣味的相关性等社会属性，将他们彼此关联，以内容为媒介进行彼此关系的激活，促进他们之间的交流，进而找到志同道合的伙伴，在彼此的互动、点评、转发与欣赏中，形成越来越紧密的现实强关系的连接，逐渐形成以用户的某种特质为连接点的社群关系。以这种社群为基础的社会与行业重构及价值变现的力量是极为巨大的，这一点我们从快手远高于抖音的带货能力就可以略见端倪。有人说，抖音与快手的差异如同当年微博与微信的差异，这是有道理的。

概言之，社群关系的建立与精确把握，就是主流媒体在未来社会媒介化进程中，最需要关键性的资源。也就是用内容做关系，而不是简单的内容传播本身。

另一方面，对于自属圈层以外的圈层的人们，如何发挥主流媒体的价值引导力呢？可以借鉴无处不在的、有互联网"轻骑兵"之称的"小程序"场景服务模式。

什么是小程序呢？张小龙对小程序的定义是"它是一种不需要下载、安装即可使用的应用，它实现了触手可及的梦想，用户扫一扫或者搜一下就能打开应用。也体现了用完即走的理念，用户不用安装太多应用，应用随处可用，但又无须安装卸载"。"无须安装""触手可及""用完即走""无须卸载"这四个特性让小程序发挥作用的方式不同于其他互联网应用，如平台、APP等。对于用户而言，它免去了下载和卸载的过程，利用手机扫描二维码和周边产生互动，比如在公交站等公交车时，扫一下公交站的二维码就可以看到下一班车什么时候来。而对于互联网服务的提供者而言，它是轻质的——不需要平台建设和APP服务等费钱、费力、费资源的海量投入；同时它又是渗透性极强、无所不在的——几乎所有应用场景都可以有它的存在。小程序不是互联网平台，也不是APP，但它可以连接场景与特定的平台和APP的资源，便捷地实现价值变现[①]。

这个模式值得传统主流媒体在变身为新型主流媒体时作为自己"破圈"价值影响力发挥的模式借鉴。互联网是以"连接一切"作为自己改造社会的基本逻辑的，平台连接了人们的基本需求、APP也部分连接了人们的分类需求，但是社会生活是如此丰富，生活场景是如此多样，使得平台和APP是"疏而有漏"的，无法全方位覆盖所有场景。只有小程序的模式才能实现真正意义上的"连接一切"。换言之，在极为丰富多彩的社会生活的服务场景之下，主流媒体影响力的发挥可以不需要通过自属的平台建设和

---

① 喻国明，程思琪.从"连接"到"场景"：互联网发展的重要进阶——试析微信小程序的价值逻辑与市场版图[J].新闻大学，2018（1）：121-127，146，153-154.

APP 运维加以实现，并能够无处不在、无时不有、无事不能地"在场"发挥其价值影响力。建立人与服务的最短连接路径，这便是小程序作为一项提供即时服务的工具的最大价值——实现了人与物、人与服务在特定场景中的连接。

相比于传统的互联网时代，以移动互联为特征的人与人、人与物、人与环境的连接日益使网络具有与人的实践半径相匹配的全方位伴随服务的特性。用户的移动作为一个"变量"，让生活、消费和服务的场景丰富而复杂，同时也使得生活和消费的类别、频度和强度大大提升。未来的新型主流媒体如果想要充分挖掘用户场景的价值，就必须实时定义和理解特定场景中的用户，能够迅速地找到并推送与他们的需求相适应的内容或服务，实现场景适配。场景适配作为移动互联网服务的核心目标和最终追求，要求主流媒体必须从空间与环境、实时状态、生活惯性和社交氛围这四大要素入手，充分掌握用户的消费场景和实时需求。

小程序发挥功能是通过品牌（人心红利）赋能来实现的，一个为人们所信赖的品牌，将成为人们在任何场景下得以借助和依靠的价值工具。而人心红利的获得是一个复杂的过程，其操作要点在于：一是要有一个像钉子一样尖锐的定位，能够直指人心并与之实现最大限度的契合；二是需要一个像榔头一样有力的传播工具，将品牌和价值定位的钉子打入用户的内心，这就是以"小程序"为代表的传播模式。

第二节　线：建立"To B"服务的新型主流媒体生态位

在内容生产者和传播渠道日益多元化、泛众化的发展情势下，UGC（用户生产内容）、OGC（机构生产内容）、PGC（专业生产内容）已经成为整个社会传播"供给侧"中最活跃、最具规模的生产力，而MGC（机器生产内容）在5G时代势必成为内容生产领域又一支不容忽视的生力军。在这一背景下，我们必须重新思考新型主流媒体何以为"新型"的新功能和新价值角色的转型问题——从传统的直接为用户生产内容（所谓"To C"模式）转型为从一线内容生产者的位置上退后一步，成为为内容生产提供专业支持、价值引导及操作指导的二线角色（所谓"To B"模式）。换言之，未来新型主流媒体的价值逻辑与功能定位要以"To B"的全新服务作为其转型的目标模式，去完成对一线内容生产者的专业支持、价值引导和创新开拓[①]。具体而言有如下几个方面。

一是为所有参与传播内容生产的大众打造专业便利的传播模板，让他们有更加便捷有效地表达自己、表达生活的标准化传播模板——这一方面方便了所有的传播参与者、内容生产者；另一方面这些模板的背后所隐含的价值逻辑，不恰恰是寓管理和引导于服务之中的未来传播治理的全新方

---

① 喻国明.推进媒体深度融合需要解决的三个关键问题[J].教育传媒研究，2021（1）：12-14.

式吗？

二是未来的新型主流媒体还可以通过内容、形式和技术手段的不断创新、传播边界的持续扩张及传播规则的重新建构，为整个社会的多元内容生产注入生机勃勃的活力、提供全新的传播版图与游戏规则。

三是占据大数据与人工智能应用于传播的制高点。未来是一个"数据霸权"的时代，数据将成为整个社会运作中最重要的洞察和驱动的能量，新型主流媒体必须通过对于数据源的掌控、数据价值的开发以及数据算法的应用，为整个社会的内容生产和传播沟通提供相应的专业支持——供需匹配、渠道驱动、场景配置以及评价反馈。显然，在未来的传播格局中，数据和 AI 是整个内容传播以及整个社会运作中一个关键性的资源和力量，掌握了数据和 AI 就等于在一定程度上掌握了传播，进而影响和促进社会的运作和发展。因此，新型主流媒体及其工作者对于数据和 AI 的把握能力与操作质量是未来传播发展中其专业价值得以发挥的关键所在。

四是成为全社会信息传播、意见表达和情绪宣泄的协调者和平衡者。新传播时代是一个"人人都是传播者"、人人都能为自己发出声音的时代，新型主流媒体及其工作者需要承担起对整个社会的信息表达、意见表达、情绪表达总体协调与平衡的角色。笔者认为，一个负责任的媒体即使是在社会情绪出现波动的时候也要做好协调者、平衡者的角色。

在以 BAT 为代表的互联网平台完成了"连接一切"的初步连接之后，社会生活的进一步丰富将使得线上生活日益主流化，成为人们社会生活的"主阵地"。因此，仅仅靠互联网平台的"技术逻辑"来进行社会经济、政治、文化与生活的建构已经远远无法满足时代发展的实际需求，社会的媒介化进程要求用"以人为本"的顶层设计逻辑去进行未来社会的重构。在这一发展阶段上，社会建构和文明发展的价值逻辑与以互联网为代表的技术逻辑的整合互动，包括对于技术逻辑进行某种程度的价值"驯化"将成为新发展阶段上的突出要求。而主流媒体在文明传承和社会逻辑的洞察方面具有独特优势，这将使其成为这一时代发展阶段中的不可或缺的关键性推动力量，甚至是一种发展中的"稀缺资源"——这便是传统主流媒体转型为新型主流媒体的未来发展的重大机遇之所在。

第三节　面：建设移动时代多点触达的信息服务"接触界面"

互联网，尤其移动互联网是"连接一切，赋能于人"的传播平台，在这一"连接"中，"赋能于人"的一个突出表现就是人的个性化、分众化需求的泉涌。换言之，我们所熟悉的一整套用于满足共性需求的传播模式和传播技术已经成为"红海"博弈的工具和手段，而赢得满足个性化、分众化需求的"蓝海"需要一整套全新的传播模式和传播手段的创造。

满足这种个性化、分众化需求的传播模式和传播手段的关键点是必须面对和解决移动互联网时代用户在传播使用方面的崭新特点。这一崭新特点主要表现为两个方面：一是如何找到并定义遁形于广袤市场和社会空间中的低密度分布的需求，并在极低成本和代价的前提下将其与特定内容实现匹配；二是如何为基于个性化场景的需求建立多点触达的需求入口。

"接触界面的有效控制"是传播价值得以实现的关键。与传统社会科层制的等级分明、长幼有序、分工明确、角色单一的构造不同，网络社会是一种网状连接、去中心化、转换自由、角色复合的社会构造。如何能够将网络平台上的物质、信息与人的实践形成有效的连接，并进一步实现内容服务的价值变现呢？众所周知，移动互联网时代，传播已经全方位地"嵌入"人们社会生活的每一个细节之中，它随时随地发生、无所不包地存在。因此，过去那种有限的、固定的信息"入口"就与现阶段丰富多彩的需求满足不"对位"、不"匹配"了。

因此，建构基于形形色色的场景认知的"多点触达"的新传播模式便成为移动互联时代传播致效的关键所在。所谓"多点"指的是用户的生活场景已经变成动态的、网状节点式的分布，传统的传播可触达的只是标准场景、标准用户。而今天移动互联时代信息服务的不同就在于节点分布的丰富性和多样化。"触达"即 access，它含有"亲"（不经过中间人）的意思，"多点触达"首先可理解为基于场景认知的随时随地的"伴随式服务"，即处于不同场景、个性化不同的用户，从分布式的多点，轻松触达能给他们提供产品、服务和体验的传播媒介和传播服务的提供者。这就把"连接一切，赋能于人"的内在逻辑形象地表达出来了。

显然，"连接一切"原本说的是（由节点与边构成的）网络中的"边"，"多点触达"补充了边连接起来以后的节点的意义和价值。而这个"节点"其实就是完成需求与供给相连接的特定"场景"。这些场景既可以通过对于客观存在的场景的认知与洞察加以把握，也可以通过提供特定的"内容"（内容除了内容本身的价值，还具有连接人和人、人和物的媒介功能与价值）与诱因（如抛红包等激励性的因素）建构起具有聚合不同人群、不同需求属性的一个个丰富的"场景"。而这些场景的洞察和建构，便为丰富多彩的内容与丰富多彩的需求实现彼此匹配对接和价值变现提供了最大的可能。当然，与这种"多点触达"的信息需求相适应的内容构造，必须将一个个信息和知识的"碎片"以"知识图谱"的方式建构起来，以便使内容以一种结构化的有序方式服务于从任何一个端口进入的用户，并将知识以一种系统化、结构化的方式完成它的有效服务。

图书在版编目（CIP）数据

数智时代中国主流媒体传播力绩效：评估范式构建与多维智能测量 / 喻国明，胥伟岚著. --北京：中国国际广播出版社，2025.3. --（京师传播文丛）.
ISBN 978-7-5078-5698-9

I. G219.2

中国国家版本馆CIP数据核字第2024LR3741号

数智时代中国主流媒体传播力绩效：评估范式构建与多维智能测量

著　　者	喻国明　胥伟岚
责任编辑	王立华
校　　对	张　娜
版式设计	陈学兰
封面设计	赵冰波

出版发行	中国国际广播出版社有限公司　[010-89508207（传真）]
社　　址	北京市丰台区榴乡路88号石榴中心1号楼2001
	邮编：100079
印　　刷	北京汇瑞嘉合文化发展有限公司
开　　本	710×1000　1/16
字　　数	170千字
印　　张	12
版　　次	2025年3月 北京第一版
印　　次	2025年3月 第一次印刷
定　　价	48.00元

版权所有　盗版必究